Franz Thonner

Vom Kongo zum Ubangi

Meine zweite Reise in Mittelafrika

Verlag
der
Wissenschaften

Franz Thonner

Vom Kongo zum Ubangi

Meine zweite Reise in Mittelafrika

ISBN/EAN: 9783957001993

Auflage: 1

Erscheinungsjahr: 2014

Erscheinungsort: Norderstedt, Deutschland

Hergestellt in Europa, USA, Kanada, Australien, Japan
Verlag der Wissenschaften in Hansebooks GmbH, Norderstedt

Cover: Foto ©Lothar Henke / pixelio.de

Vom Kongo zum Ubangi

Meine zweite Reise in Mittelafrika

von

Franz Thonner

Mit 20 Textbildern, 114 Lichtdrucktafeln und 3 Karten

BERLIN 1910
DIETRICH REIMER (ERNST VOHSEN).

Vorwort.

Im Jahre 1896 bereiste ich zum ersten Male das Kongogebiet und veröffentlichte darüber ein Werk unter dem Titel „Im afrikanischen Urwald" (Berlin, Dietrich Reimer, 1898), von welchem auch eine französische Ausgabe („Dans la grande forêt de l'Afrique centrale", Bruxelles, O. Schepens & Co., 1899) erschienen ist. Seitdem war es mein steter Wunsch, eine zweite Reise nach Mittelafrika zu unternehmen, um auch die an mein erstes Forschungsgebiet angrenzenden Gegenden kennen zu lernen. Indessen stellten sich der Erfüllung dieses Wunsches lange Zeit unüberwindliche Hindernisse entgegen. Erst zwölf Jahre nach Beendigung meiner ersten Reise war ich in der Lage, an die Ausführung meiner Pläne zu schreiten und mich abermals nach dem Kongo einzuschiffen.

Wie auf meiner ersten Reise, so bildete auch diesmal das Studium der Pflanzenwelt und der Bevölkerung der bereisten Gegenden meine Hauptaufgabe. Auch wurde mir die Reise wieder, so wie damals, durch das Entgegenkommen der Behörden der belgischen Kongokolonie sehr erleichtert, und spreche ich allen Beamten des Staates, wie auch den Missionären und den Angestellten der Handels- und Transportgesellschaften, mit welchen ich in Berührung kam, für die freundliche Aufnahme, die ich überall fand, meinen herzlichsten Dank aus. In einer anderen Hinsicht dagegen war mir das Schicksal diesmal weniger günstig, indem meine Gesundheit schon wenige Tage nach meiner Ankunft am Kongo, wenn auch nicht in bedenklicher Weise, erschüttert wurde und während der ganzen Reise zu wünschen übrig ließ, so daß ich es für angezeigt hielt, meine Rückkehr nach Europa zu beschleunigen. Das Ergebnis der Reise wurde dadurch natürlich in ungünstigem Sinne beeinflußt.

Die von mir gesammelten Pflanzen werden von Herrn Dr. E. De Wildeman in Brüssel bestimmt und sollen den Gegenstand einer eigenen Veröffentlichung („Plantae Thonnerianae Congolenses, 2ᵉ série") bilden. Von meinen photographischen Aufnahmen wurden die meisten in der Kunstanstalt von J. Löwy in Wien durch Lichtdruck vervielfältigt und sind in vorliegendem Werke auf Tafel 1—100 wiedergegeben, während die übrigen 14 Tafeln von mir nach Europa gebrachte und hier photographierte Gebrauchsgegenstände der Eingeborenen darstellen. Einige von meinen weniger gelungenen photographischen Aufnahmen dienten als Vorlagen für die ersten 10, von Herrn L. Hille in Zehlendorf-Berlin gezeichneten Textbilder des vorliegenden Werkes; die übrigen Textbilder wurden nach von mir gesammelten Pflanzen von Herrn J. Fleischmann in Wien gezeichnet. Die Herstellung der Karten auf Grund meiner Wegaufnahmen und sonstigen Aufzeichnungen besorgte Herr F. Bischoff unter Leitung von Herrn M. Moisel in Berlin.

Über die in vorliegendem Werke angewandte Schreibweise der Ortsnamen und sonstigen Ausdrücke aus den Sprachen der Eingeborenen ist im dritten Abschnitte, in der Vorbemerkung zu den Wörterverzeichnissen, näheres mitgeteilt.

Wien, im Mai 1910.

Franz Thonner.

Inhaltsverzeichnis.

                                                                  Seite.

Vorwort V

I. Abschnitt. Reisebericht. 1
Von der Küste zum Stanley-Pool. Meine Diener. Kinshasa und Léopoldville. Dampferfahrt auf dem Kongo. Am Itimbiri-Fluß. Mandungu und Mobwasa. Die Budja und Mobenge. Mombongo. Im Quellgebiete des Mongala-Flußes. Alte Bekannte. Ein aufgegebener Posten. Die Mongwandi. Abumombazi. An der Grenze des Urwaldes. Yakoma und Banzyville. Bootfahrt auf dem Ubangi. Die Sango, Banziri, Gobu und Bwaka. Mannigfaltigkeit der Sprachen und Hüttenformen. Mokoange. Über die Stromschnellen. Libenge. Die Mondjembo. Am unteren Ubangi. Heimreise.

II. Abschnitt. Land und Leute 34
Lage. Klima. Bodengestalt. Gewässer. Bodenbeschaffenheit. Pflanzenwelt. Tierwelt. Bevölkerung: Körperbeschaffenheit, Körperverzierung, Kleidung, Schmuck, Wohnung, Gerätschaften, Sprache der Eingeborenen; politische Verhältnisse, Volksdichte; die Weißen und ihre Beziehungen zu den Eingeborenen.

III. Abschnitt. Übersichtstabellen 64
Reiseausrüstung. Meteorologische Beobachtungen. Aufzählung der gesammelten Pflanzen. Die Stämme der Eingeborenen. Wörterverzeichnisse.

Anhang. I. Erläuterungen zu den Lichtdrucktafeln 96
        II. Begleitwort zur Routenkarte, von M. Moisel 108

Namen- und Sachverzeichnis 111

Textbilder.

1. Der Posten Mandungu 7
2. Ein Mongwandi-Dorf bei Abumombazi 19
3. Der Uele-Fluß bei Yakoma 21
4. Im Posten Yakoma 22

5. Der Ubangi an der Einmündung des Mbomu 23
6. Ein Sango-Dorf bei Banzyville 25
7. Hütten der Banziri 27
8. Hütten der Gobu 28
9. Bangui und die Stromschnellen von Zongo 31
10. Ein Bwaka-Dörfchen bei Libenge 32
11. *Lankesteria Barteri* Hook. fil. 37
12. *Thonningia sanguinea* Vahl 38
13. *Coffea divaricata* K. Schum. 39
14. *Clerodendron splendens* Don 40
15. *Caloncoba Welwitschii* Gilg 41
16. *Lissochilus purpuratus* Lindl. 42
17. *Haemanthus multiflorus* Martyn 43
18. *Dissotis macrocarpa* Gilg 44
19. *Mussaenda arcuata* Poir. 45
20. *Vernonia senegalensis* Less. 46

Lichtdrucktafeln.
(Am Schluß).

Tafel 1. Am Ufer des Stanley-Pool bei Kinshasa.
„ 2. Am Ufer des Stanley-Pool bei Kinshasa.
„ 3. Ein Affenbrodbaum in Kinshasa.
„ 4. Ein Affenbrodbaum in Kinshasa.
„ 5. Der Posten Mandungu.
„ 6. Der Posten Mandungu.
„ 7. Der Posten Mandungu.
„ 8. Der Itimbiri-Fluß bei Mandungu.
„ 9. Ein Kautschukbaum in Mandungu.
„ 10. Im Mobenge-Dorfe Bobwesi bei Mobwasa.
„ 11. Der Posten Mobwasa.
„ 12. Waldrodung bei Mobwasa.
„ 13. In einer Waldrodung bei Mobwasa.
„ 14. Im Mobenge-Dorfe Bopa bei Mobwasa.
„ 15. Wandzeichnungen im Dorfe Bopa bei Mobwasa.
„ 16. Mobenge-Männer aus Bopa bei Mobwasa.
„ 17. Mobenge-Träger aus der Umgebung von Mobwasa.
„ 18. Im Mobenge-Dorfe Boguge bei Mobwasa.
„ 19. Mein Zelt im Walde bei Boguge.
„ 20. Im Budja-Dorfe Mondunga bei Mombongo.
„ 21. Eine Hütte im Dorfe Mondunga bei Mombongo.
„ 22. Mobenge-Träger im Posten Mombongo.
„ 23. Ein Wohnhaus im Posten Mombongo.

Inhaltsverzeichnis. IX

Tafel 24. Am Waldessaume bei Mombongo.
25. Brücke über den Ngali-Bach bei Mombongo.
26. Im Mabali-Dörfchen Bingbe bei Mombongo.
27. Am Moturu-Flusse.
28. Im Dorfe Mongende bei Dundusana.
29. Eingeborene von Mongende bei Dundusana.
30. Der Häuptling von Mongende bei Dundusana und sein Stellvertreter.
31. Scitamineen-Dickicht bei Mogbogoma.
32. Hauptgebäude des verlassenen Postens Mogbogoma.
33. Mongwandi-Männer aus der Umgebung von Mogbogoma.
34. Das Mongwandi-Dorf Mbui bei Mogbogoma.
35. Hütten in Mbui bei Mogbogoma.
36. Eine Hütte aus der Umgebung von Mogbogoma.
37. In einem Mongwandi-Dorfe bei Mogbogoma.
38. Mongwandi-Leute in einem Dorfe bei Mogbogoma.
39. Mongwandi-Leute aus der Umgebung von Mogbogoma.
40. Mongwandi-Leute aus der Umgebung von Mogbogoma.
41. Mongwandi-Frauen aus der Umgebung von Mogbogoma.
42. Unser Lager im Walde bei Abumombazi.
43. Ein Wohnhaus im Posten Abumombazi.
44. Ein Mongwandi-Dorf bei Abumombazi.
45. Mongwandi-Frauen in einem Dorfe bei Abumombazi.
46. Ein Mongwandi-Dorf bei Abumombazi.
47. Mongwandi-Frauen und -Kinder in einem Dorfe bei Abumombazi.
48. Mongwandi-Frauen aus der Umgebung von Abumombazi.
49. Mongwandi-Frauen aus der Umgebung von Abumombazi.
50. Teil eines Mongwandi-Dorfes bei Abumombazi.
51. Teil eines Mongwandi-Dorfes bei Abumombazi.
52. Mongwandi-Leute in einem Dorfe bei Abumombazi.
53. In einem Mongwandi-Dorfe bei Abumombazi.
54. Geisterhütte in einem Mongwandi-Dorfe bei Abumombazi.
55. Mongwandi-Leute aus der Umgebung von Abumombazi.
56. Ein Tanz der Mongwandi von Abumombazi.
57. An der Grenze des Graslandes bei Abumombazi.
58. Eingeborene des Dorfes Gugo bei Yakoma.
59. Im Dorfe Ndonga bei Yakoma.
60. Im Dorfe Ndonga bei Yakoma.
61. Hütte und Fetisch im Dorfe Ndonga bei Yakoma.
62. Eingeborene des Dorfes Ndonga bei Yakoma.
63. Eingeborene des Dorfes Ndonga bei Yakoma.
64. Grasland bei Yakoma.
65. Grasland bei Yakoma.

Tafel 66. Der Uele-Fluß bei Yakoma.
67. Gebäude des Postens Yakoma.
68. Ein Dorf bei Yakoma.
69. Boote von Marktbesuchern bei Yakoma.
70. Ein Wochenmarkt bei Yakoma.
71. Ein Wochenmarkt bei Yakoma.
72. Yakoma-Frauen vom Markte heimkehrend.
73. Ein Sango-Dorf bei Banzyville.
74. Sango-Mädchen in einem Dorfe bei Banzyville.
75. Sango-Mädchen mit falschen Haaren.
76. Im Dorfe Kasenge bei Banzyville.
77. Im Dorfe Kasenge bei Banzyville.
78. Geisterhütten im Dorfe Kasenge bei Banzyville.
79. Im Banziri-Dorf Unda bei Mokoange.
80. Im Banziri-Dorf Unda bei Mokoange.
81. Der Posten Mokoange.
82. In einem Bwaka-Dörfchen bei Mokoange.
83. In einem Bwaka-Dörfchen bei Mokoange.
84. In einem Bwaka-Dörfchen bei Mokoange.
85. Fetische vor einer Bwaka-Hütte bei Mokoange.
86. Die Stromschnellen des Elefanten bei Mokoange.
87. Die Stromschnellen von Zongo.
88. Im Posten Libenge.
89. Der Kommissär des Ubangi-Distriktes mit Waisenkindern.
90. Im Bwaka-Dörfchen Bongekete bei Libenge.
91. Im Ngombe-Dörfchen Lifakini bei Libenge.
92. Im Ngombe-Dörfchen Lifakini bei Libenge.
93. Ngombe-Leute in Lifakini bei Libenge.
94. Ein Ngombe-Ehepaar aus der Umgebung von Libenge.
95. Im Mondjembo-Dorfe Gunda bei Libenge.
96. Im Mondjembo-Dorfe Motengi bei Libenge.
97. Mondjembo-Frauen in Motengi.
98. Der Ubangi-Fluß bei Ndongo.
99. Im Lubala-Dorfe Mokolu bei Imese.
100. Im Ngiri-Dorf Endjondu bei Imese.
101. Stab, Laute und Messer der Mobenge, Schwert der Budja.
102. Schilde der Budja.
103. Schilde der Budja.
104. Gebrauchsgegenstände der Mongwandi.
105. Messer der Mongwandi.
106. Schilde der Mongwandi.
107. Schilde der Mongwandi.

Tafel 108. Speere der Mongwandi und Yakoma.
     109. Messer, Armbänder und Trinkgefäße der Yakoma.
     110. Pfeile der Gobu, Frauenkleidung und Pfeife der Bwaka, Messer der Banziri.
     111. Speere der Bwaka.
     112. Messer und Nackenstütze der Bwaka, Schüssel der Ngombe.
     113. Messer und Halsringe der Mondjembo.
     114. Schemel der Bwaka und Matte der Mongwandi.

Karten.
(Am Schluß).

1. Übersichtskarte des Gebietes zwischen Kongo und Ubangi, 1:3,000,000.
2. Sprachenkarte des Gebietes zwischen Kongo und Ubangi, 1:3,000,000.
3. Franz Thonners Aufnahmen zwischen dem Kongo und dem Ubangi im Jahre 1909, 1:500,000.

I. Abschnitt.

Reisebericht.

Von der Küste zum Stanley-Pool. Meine Diener. Kinshasa und Léopoldville. Dampferfahrt auf dem Kongo. Am Itimbiri-Fluß. Mandungu und Mobwasa. Die Budja und Mobenge. Mombongo. Im Quellgebiet des Mongala-Flusses. Alte Bekannte. Ein aufgegebener Posten. Die Mongwandi. Abumombazi. An der Grenze des Urwaldes. Yakoma und Banzyville. Bootfahrt auf dem Ubangi. Die Sango, Banziri, Gobu und Bwaka. Mannigfaltigkeit der Sprachen und Hüttenformen. Mokoange. Über die Stromschnellen. Libenge. Die Mondjembo. Am unteren Ubangi. Heimreise.

Am 15. Dezember 1908, fast zwölf Jahre nach Beendigung meiner ersten Kongoreise, traf ich von neuem an der Mündung des Stromes ein, mit der Absicht, meine damals begonnenen Studien im Mongalabecken und in den angrenzenden Gebieten fortzusetzen.

Nach kurzem Aufenthalt in dem palmenreichen Banana, das ich nur wenig verändert fand, legte der Dampfer, der mich aus Europa gebracht hatte, in Boma, dem Hauptort der belgischen Kongokolonie, an. Auch hier waren keine auffallenden Veränderungen gegenüber dem Zustand zur Zeit meiner ersten Reise zu bemerken. Ich machte dem General-Sekretär, Van Damme, der auch damals schon diese Stellung bekleidet hatte, sowie dem Stellvertreter des abwesenden Generalgouverneurs, Major Ghislain, meine Aufwartung und erhielt ein Empfehlungsschreiben an die Postenvorsteher, einen Waffenpaß und die Erlaubnis Träger anzuwerben und mich von fünf mit Hinterladern bewaffneten Leuten begleiten zu lassen. Hierauf setzte ich meine Reise auf demselben Dampfer noch bis Matadi, dem Anfangspunkte der Kongobahn, fort.

Auch das steinige, sonnendurchglühte Matadi fand ich nicht sehr verändert und die dortigen Unterkunftsverhältnisse noch ebenso mangelhaft wie zur Zeit meiner ersten Reise. Infolge ungewöhnlich reichlicher Regenfälle im ganzen Kongobecken war der Wasserstand des Riesenstromes ein außerordentlich hoher, so daß fast der ganze Bahnhof überflutet war. Auch hatte etwas weiter oberhalb an der Eisenbahnlinie eine Erdrutschung stattgefunden, wodurch die Abfahrt des nächsten Zuges eine zweitägige Verzögerung erlitt. Nach Behebung dieses Hindernisses und Erledigung der zollamtlichen Formalitäten begab ich mich mit der Eisenbahn nach Kinshasa.

Am ersten Tage fährt man zwischen grasbewachsenen Hügeln dahin und übernachtet in dem hochgelegenen Thysville, das sowohl in gesundheitlicher Hinsicht als auch der besseren Wohnungsverhältnisse wegen in gutem Rufe steht. Am zweiten Tage durchquert man größtenteils waldige Gegenden und erreicht nachmittags den Stanley-Pool. Die Angestellten der belgischen Kongokolonie fahren in der Regel bis Léopoldville, während die übrigen Weißen meistens schon in Kinshasa aussteigen, wo ich bei der Transportgesellschaft „Citas" (Compagnie industrielle et de transports au Stanley-Pool), welche die früher der „S. A. B." (Société anonyme belge pour le commerce du Haut-Congo) gehörigen Gebäude übernommen hat, Unterkunft fand.

Ich traf hier die sechs schwarzen Diener, welche die Gesellschaft „Citas" für mich angeworben hatte. Ihre Hauptbeschäftigung sollte im Tragen der fünf Gewehre bestehen, welche bestimmt waren, die Sicherheit meiner Person und meines Gepäckes während der Reise zu gewährleisten. Außerdem hatte der eine die Obliegenheiten eines persönlichen Dieners zu erfüllen, die anderen die eines Dolmetschers, Koches, Küchenjungen, Wäschers und Jägers. Da aber gerade Schonzeit war, so mußte sich letzterer mit dem Amt eines Wächters begnügen, worüber er sehr verstimmt war. Übrigens waren alle, wie die meisten schwarzen Diener, faule Taugenichtse, die leicht übermütig werden, wenn man sie nicht sehr kurz hält. Drei von ihnen stammten von der Küste, die übrigen aus der Umgebung von Stanleyville. Sie sprachen fast alle etwas französisch, was man bei den Schwarzen am Kongo nicht gerade häufig antrifft. Ich mußte sie in Léopoldville eintragen und der Schlafkrankheit wegen ärztlich untersuchen lassen.

Da ein Teil meines Gepäckes am Bahnhof von Matadi zurückgeblieben war, so war ich genötigt, in Kinshasa einen zehntägigen Aufenthalt zu nehmen, welcher infolge der hier herrschenden Schwüle und Feuchtigkeit zu keinem besonders angenehmen sich gestaltete. Kinshasa ist durch seinen Reichtum an riesigen Affenbrodbäumen (Baobabs, *Adansonia digitata L.*) ausgezeichnet, deren graue Stämme von 10—30 m Umfang fast wie Felsen oder Ungetüme aus der Urzeit aussehen. Auch gedeihen hier mancherlei Fruchtbäume, namentlich zahlreiche Mangobäume *(Mangifera indica L.)*, welche gerade voll reifer Früchte hingen. (Siehe Tafel 1—4.)

In Kinshasa und dem nahen Léopoldville gibt es noch mehrere, meist von Portugiesen verwaltete Faktoreien, wo auch Gebrauchsgegenstände für Weiße verkauft werden, während man weiter stromaufwärts deren nur sehr wenige antrifft, die nächste erst in Irebu. Hier am Stanley-Pool befindet sich gegenwärtig die Grenze des Gebietes, wo gemünztes Geld als Zahlungsmittel gilt; weiter stromaufwärts werden zu diesem Zwecke Tauschwaren, namentlich Stoffe und Salz verwendet.

Léopoldville hatte sich seit der Zeit meiner ersten Reise etwas mehr verändert, als die an der Kongomündung gelegenen Ortschaften, namentlich waren die für die Schiffahrt nötigen Anlagen bedeutend vergrößert worden, da der Verkehr auf dem Strome stark zugenommen hatte, sowohl was die Zahl als was die Größe der Fahrzeuge anbelangt. Es geht gegenwärtig alle zehn Tage ein großer Dampfer von 150 Tonnen, welcher etwa vierzig Weiße aufnehmen kann, oder ein von einem kleinen Dampfer geschleppter und an seiner Breitseite festgemachter Leichter von ähnlichem Tonnengehalte nach Stanleyville ab. Das Reisen auf diesen Schiffen ist nicht besonders angenehm, umsomehr als sie häufig überfüllt sind; die Kabinen sind klein und auch der für den Aufenthalt bei Tage bestimmte Raum ist ziemlich beschränkt, so daß man genötigt ist, fast den ganzen Tag auf seinem Lehnstuhl sitzend zu verbringen. Auch sind die zahlreichen Schwarzen, die die Reise mit Kind und Kegel mitmachen, keine erwünschte Zugabe. Zum Übernachten müssen sie allerdings an Land gehen. Die Mannschaft der Dampfer ist jetzt nicht mehr genötigt, während der Nacht Holz für den nächsten Tag zu schlagen, da dieses schon in den Holzposten vorbereitet liegt, welche in geeigneten Abständen am Ufer errichtet sind und gewöhnlich zugleich als Stützpunkte für die Telegraphenlinie dienen.

Nachdem der größere Teil meines in Matadi zurückgebliebenen

Gepäckes eingetroffen war, verließ ich Kinshasa am 3. Januar 1909 und fuhr auf einem der erwähnten Leichter den Kongo hinauf. Oberhalb des Stanley-Pool ist das Flußbett anfangs ziemlich eng und von größtenteils grasigen, nur an ihrem Fuße bewaldeten Hügeln eingeschlossen. Von Tshumbiri an erweitert es sich immer mehr und schließt zahlreiche mit Wald bedeckte Inseln ein. Bis nahe an Lukolela sieht man noch im Inneren allmählich niedriger werdende, grasbewachsene Hügel; weiterhin erblickt man, abgesehen von einigen mit Sumpfgräsern bewachsenen Uferstrecken, nichts als ebenen Wald.

Bis gegen Bolobo zu sind die Ufer des Kongo fast völlig unbewohnt, weiter stromaufwärts dagegen sind zahlreiche Dörfer vom Dampfer aus sichtbar. Die Uferbewohner haben vielfach ihre alte Art, die Wände ihrer Hütten aus Palmblattrippen zusammenzufügen, aufgegeben und bauen jetzt häufig Lehmhäuser mit einer schmalen, ringsherumlaufenden Veranda nach Art der von den Weißen für ihre Arbeiter und Soldaten errichteten. Auch ist ihre Kleidung reichlicher als früher. Bei den Frauen überwiegt bis gegen Bolobo zu das auch bei den Küstennegerinnen und Soldatenfrauen übliche, den ganzen Körper unterhalb der Arme einhüllende Tuch, weiter stromaufwärts das ungefähr bis zu den Knien reichende Hüfttuch oder Faserröckchen; zwischen der Mongala- und Itimbiri-Mündung sieht man ganz unbekleidete Frauen neben solchen, welche ein mehr oder weniger großes Stück Stoff an der Hüftschnur oder um die Hüften geschlungen tragen. Ebenso verringert sich die Kleidung der Männer gegen das Innere zu und geht von Hose und Jacke oder Hüfttuch und Jacke zum bloßen Hüfttuch und schließlich zu dem im Inneren immer noch vorwiegenden, zwischen den Beinen durchgezogenen, meist aus Rindenstoff bestehenden Schurz über. In der Nähe der Posten leben vielfach Arbeiter und Arbeiterinnen aus fremden Stämmen neben den Eingeborenen des Landes und vermengen sich mit ihnen, so daß es jetzt schon oft schwer fällt, fremde Art von einheimischer zu trennen. Beim Landen der Dampfer entwickelt sich gewöhnlich ein reger Tauschverkehr zwischen der Bemannung des Schiffes und den Uferbewohnern, welche Lebensmittel bringen und dafür Stoffe, Salz, Seife, Teller, leere Flaschen u. dgl. erhalten. Der früher als Zahlungsmittel allgemein gebrauchte Messingdraht ist jetzt nicht mehr beliebt. Bei der englischen Missionsstation Bolobo verkaufen die Eingeborenen, vermutlich Zöglinge der

Mission, auch Stöcke aus Elfenbein oder mit elfenbeinernem Griffe, sowie Reiher- und Marabufedern.

Unser Dampfer legte den Weg vom Stanley-Pool bis Bumba in 16 Tagen zurück, wie es im Fahrplan vorgesehen war. Der Aufenthalt bei den Posten, abgesehen von den Orten, wo übernachtet wurde, war nur kurz. In Coquilhatville hatte ich gerade soviel Zeit, um dem prächtigen botanischen Garten von Eala einen flüchtigen Besuch zu machen; in Nouvelle-Anvers, dem Hauptort des Bangala-Distriktes, begab ich mich zum Distrikts-Kommissär Tombeur und nach der katholischen Mission, deren geräumige Kirche weithin sichtbar ist, und von Lisala aus fuhr ich in einem kleinen Boote nach der englischen Baptisten-Mission Bopoto (Upoto) hinab, wo ich die Freude hatte dieselben Missionäre wiederanzutreffen, die mich auf meiner ersten Kongoreise im Jahre 1896 gastfreundlich aufgenommen hatten, nämlich Rev. William Forfeitt mit seiner Gemahlin und Rev. Kenred Smith.

Am 19. Januar verließ ich den Leichter in Bumba und sandte einen Teil meines allzu reichlichen Gepäckes auf dem Flußweg über Irebu nach dem Ubangi voraus. Es blieben mir immer noch etwa 40 Lasten, die meisten von je 25 Kilogramm, einige davon aber schwerer; für solche waren je zwei Träger erforderlich, welche die Last an einer Stange trugen, während die leichteren Lasten mittelst eines über die Stirn verlaufenden Baststreifens auf dem Rücken getragen werden. Da man mir sagte, daß es schwierig sein würde, die erforderliche Anzahl Träger in Dobo oder Bumba, sowie in dem nördlich von diesen Posten gelegenen Budja-Lande aufzutreiben, so fuhren wir mit einem am folgenden Tage abgehenden kleinen Dampfer nach Moenge, einem am linken Ufer des Itimbiri-Flusses, einige Kilometer oberhalb seiner Einmündung in den Kongo gelegenen Posten, welchen wir noch am selben Tage erreichten.

Der Posten Moenge (Mohenge) besteht aus einigen wenigen Gebäuden, welche auf dem hier steil zum Fluß abstürzenden Uferrande liegen. Er ist von einem hohen Stangenzaun umgeben und dient gewöhnlich zwei Weißen zum Aufenthalte. Neben dem Posten erstreckt sich ein Dorf der Budja am Ufer des Flusses entlang, das aus etwa hundert niedrigen Hütten von rechteckigem Grundrisse besteht, welche Wände aus Gras oder Lehm und ein mit Blättern gedecktes Giebeldach haben. Die männlichen Bewohner des Dorfes tragen meist den bereits erwähnten, zwischen den Beinen durchgezogenen Schurz aus Rindenstoff oder europäischem Baumwollstoffe, die Frauen die Hüftschnur mit oder ohne daran befestigtem Stofflappen. Die Gesichtstätowierung der Eingeborenen besteht aus zwei Reihen kleiner Narben, welche oberhalb der Augenbrauen bogenförmig quer über die Stirne sich erstrecken, und aus mehreren senkrecht dazu verlaufenden Narbenreihen oberhalb der ersteren. Ihre Hauptnahrungsmittel sind die Maniokwurzeln, welche hier gewöhnlich nach dem Wässern und Kochen geschabt gegessen werden, doch sieht man auch das am Kongoufer übliche Maniokbrod (Shikwange) in Hörnchenform. Zum Schaben der gekochten Maniokwurzeln bedienen sich die Eingeborenen eines Messers in Form eines kurzen Speeres mit ausgezackten Rändern. Ich sah hier auch einige Eingeborene aus der Umgebung des weiter nördlich gelegenen Postens Loeka, welche eine andere, weniger reichliche Gesichtstätowierung hatten.

In Moenge lag ein kleiner Dampfer, der am nächsten Tage den Itimbiri-Fluß hinauffahren sollte; doch gelang dies infolge des niedrigen Wasserstandes nicht, so daß ich genötigt war, die Reise nach Mandungu, das ich als Ausgangspunkt für den Landmarsch gewählt hatte, in einem Ruderboot zu machen. Der Itimbiri-Fluß, welcher eine Breite von etwas über hundert Meter hat, fließt zwischen bewaldeten, teils flachen, teils etwas erhöhten Ufern und umschließt in seinem Unterlauf einige teils mit Gras, teils mit Gebüsch bewachsene Inseln. Man sieht nur wenige Dörfer am Ufer, darunter ein christliches, von der katholischen Mission in Ibembo gegründetes Dorf. Die Eingeborenen gehören zum Stamme der Budja; sie bauen rechteckige Hütten, wie in Moenge. Wir übernachteten in den auch als Holzposten dienenden Dörfern Bambuna, Lolo und Bongongo und erreichten am vierten Tage nach im ganzen 25 stündiger Fahrt Mandungu.

Der Posten Mandungu, welcher von zwei Weißen besetzt war, liegt am Fusse eines ziemlich steilen, etwa 40 m hohen, größtenteils von Pflanzungen bedeckten Abhanges. Er besteht aus zehn bis zwölf nahe am Ufer gelegenen Gebäuden und ist von einer hohen Einzäunung aus Baumästen umgeben. Von dem Gipfel der Anhöhe hat man eine weite Aussicht über endlose Waldflächen, welche sich nordwärts gegen den Aruwimi zu erstrecken. Dort befindet sich auch ein Arbeiterdorf, während die Dörfer der Eingeborenen in größerer Entfernung vom Posten liegen.

(Siehe Tafel 5—9.) Die Bewohner der flußabwärts gelegenen Dörfer gehören zum Stamme der Budja, die der flußaufwärts und landeinwärts gelegenen zu verschiedenen Stämmen, welche mit den südlich vom Uele wohnenden Ababua verwandt sind und früher weiter gegen Norden zu ihre Wohnsitze hatten, dann aber durch die Einfälle der Azande nach Süden gedrängt wurden.

Der Posten Mandungu.

Am 27. Januar 1909 brach ich, begleitet von meinen sechs schwarzen Dienern und 50 Trägern aus einem benachbarten Budja-Dorfe nach Norden auf. Da die Träger erst gegen Mittag angekommen waren und man mir sagte, daß die Entfernung bis zum nächsten Dorfe kaum drei Stunden betrage, so verließen wir den Posten erst um drei Uhr nachmittags. Unser Weg führte zuerst durch ausgedehnte Pflanzungen von Kautschukbäumen (Ire, *Funtumia elastica* Stapf), dann durch Gebüsch, welches vermutlich die Stelle ehemaliger Pflanzungen der Eingeborenen einnimmt, und später durch Hochwald mit vereinzelten Palmen und dichtem Unterholze mit viel Scitamineen allmählich aufwärts. Als die Dunkelheit hereinbrach, war noch keine Spur eines Dorfes zu sehen. Mit dem Schirm tastend mußte ich mir den Weg suchen. Zwar ging bald danach der Mond auf, doch erhellte er nur die Lichtungen. Überdies mußte noch ein knietiefer Bach, namens Ekama, durchwatet werden. Endlich gegen acht Uhr erreichten wir die ersten Hütten eines Dorfes, welches die Eingeborenen Ebundu nannten, während die Weißen es auf ihren Karten als Bobwesi bezeichnen, und schlugen dort unser Nachtlager auf.

Dieses Dorf besteht aus dreißig bis vierzig Häusergruppen oder Gehöften, welche durch 50—100 m breite Streifen von Bananenpflanzung oder Wald voneinander getrennt sind. Jede Häusergruppe gehört einem Familienvorstand, der sie mit seinen Frauen, Kindern und Sklaven, bisweilen auch zusammen mit anderen Familienangehörigen bewohnt, und besteht aus 3—5 Hütten, welche die eine Seite eines großen, rundlichen, von gefällten Baumstämmen umsäumten Platzes einnehmen. Diese Hütten sind im Gegensatze zu den Behausungen der Anwohner des Kongo und unteren Itimbiri von kreisrundem Grundriß und haben etwa einen Meter hohe Wände aus Laub oder häufiger aus Lehm, welcher die Zwischenräume zwischen den das Dach tragenden dünnen Pfählen ausfüllt. Die Wände sind häufig auf der Außenseite mit Zeichnungen verziert, welche in weißer Farbe ausgeführt sind und Menschen oder Tiere nach Art unserer Kinderzeichnungen darstellen. Das Dach ist kegelförmig und mit Laub gedeckt. Bisweilen sieht man auch Hütten von rechteckigem oder länglichrundem (elliptischem) Grundrisse, sowie solche von fast quadratischem, welch letztere meistens mit einer schmalen, ringsherumlaufenden Veranda versehen und wahrscheinlich den von den Weißen errichteten Arbeiterhütten nachgeahmt sind. Den Hütten gegenüber steht gewöhnlich eine auf allen vier Seiten offene, für den Aufenthalt bei Tage bestimmte Halle oder Laube von rechteckigem Grundriß. (Siehe Tafel 10, 14, 15, 18).

Die Bewohner dieses Dorfes gehören nach Aussage der in den benachbarten Posten lebenden Weißen zum Stamme der Mobenge und sollen vom Uele her eingewandert sein. Von ihnen selbst hörte ich den Namen Mobige, doch weiß ich nicht bestimmt, ob damit ihr Stammesname gemeint war. Man findet unter ihnen häufig fast europäische Gesichtszüge, Kinnbart und gelbbraune Hautfarbe. Die Schneidezähne werden zugespitzt. Die Gesichtstätowierung besteht aus einer oberhalb der Augenbrauen quer über die Stirn verlaufenden Reihe kleiner rundlicher oder aufrechtlänglicher Narben, wozu bisweilen noch zwei kurze Reihen kleiner Narben auf den Wangen kommen. Sie weicht somit von der der nördlichen, am Uele wohnenden Mobenge ab und ähnelt der bei einem Teile der Ababua und Azande üblichen Tätowierung. Die Bekleidung der Männer beschränkt sich gewöhnlich auf ein zwischen den Oberschenkeln durchzogenes, vorn und hinten über die Hüftschnur oder den Gürtel herabfallendes Stück Stoff, welches meist europäischen Ursprunges, seltener aus Baumrinde hergestellt ist, die der Frauen auf ein kleines, vorne an der Hüftschnur befestigtes Stückchen Stoff, das bisweilen durch einige Blätter ersetzt ist. An der Hüftschnur haben sie meist große Perlen angereiht. Doch sieht man auch häufig eine vollständigere Bekleidung nach Art der Küstenneger. Die Sprache dieses Stammes ist mit der der Ababua im Uele-Gebiet nahe verwandt und gehört wie diese zu den Bantusprachen. (Siehe Tafel 16, 17, 18, 22, 101).

Am folgenden Tage durchzogen wir zuerst das etwa eine Stunde lange, vom Mone-Bache durchschnittene Dorf und gingen dann auf einem breiten Wege durch Hochwald allmählich abwärts nach dem Posten Mobwasa, welchen wir nach vierstündigem Marsche erreichten, nachdem wir kurz vorher an einem kleinen Eingeborenendorf und einigen Arbeiterhütten vorbeigekommen waren. Der Posten liegt, von im Entstehen begriffenen Kautschukpflanzungen und Wald umgeben, etwas erhöht oberhalb eines kleinen Baches und besteht, wie die meisten Posten des Inneren, aus einigen einen großen Platz umgebenden Gebäuden, das Ganze von einer hohen Einzäunung umschlossen. Es befanden sich drei Weiße hier, darunter der nur vorübergehend anwesende, sonst in Moenge wohnende Vorstand des Sektors Itimbiri, welcher einen Teil des Bangala-Distriktes bildet. (Siehe Tafel 11—13).

Am 31. Januar verließ ich Mobwasa mit 46 Trägern aus den umliegenden Dörfern. (Siehe Tafel 17 und 22). Unser Weg führte zuerst durch das eine Viertelstunde vom Posten entfernte Dorf Bopa, welches aus etwa zwanzig Häusergruppen besteht und dem bereits beschriebenen Dorfe Bobwesi gleicht, auch von demselben Stamme wie dieses bewohnt ist. (Siehe Tafel 14—16). Dann gingen wir anfangs durch dichten, später durch lichteren Hochwald und erreichten nach sechsstündigem Marsche das Mobenge-Dorf Boguge, welches aus etwa zehn Häusergruppen besteht und den vorher besuchten Mobenge-Dörfern Bopa und Bobwesi ähnlich ist. (Siehe Tafel 18).

Am folgenden Tage kreuzten wir den knietiefen Pwembe-Bach, marschierten dann drei Stunden lang auf einem schmalen Pfade durch dichten Hochwald mit viel Schlinggewächsen und schlugen an einem kleinen Bächlein mitten im Walde unser Lager auf, wo wir durch zahllose Bienen und kleine stechende Fliegen arg gequält wurden. (Siehe Tafel 19.) Durch ähnlichen Wald führte unser Weg am nächsten Tage. Nach siebenstündigem Marsche kreuzten wir den etwa zehn Meter breiten und knietiefen Leka (Loeka) -Bach und kamen bald darauf durch ausgedehnte Pflanzungen von Bananen und Maniok nach dem Dorfe Mondunga, wo wir unser Lager aufschlugen.

Dieses Dorf besteht ebenfalls aus einer Reihe durch Pflanzungen voneinander getrennter Gruppen von je drei bis fünf Hütten, zu welchen gewöhnlich noch eine offene Halle gehört; doch sind die meisten Hütten hier von rechteckigem Grundriß und mit einem Satteldache versehen. Die Wände sind gewöhnlich aus Lehm, seltener aus Laub hergestellt und oft mit Linienornamenten in weißer, roter und schwarzer Farbe, seltener mit Zeichnungen in weißer Farbe, welche Menschen oder Tiere darstellen sollen, verziert. (Siehe Tafel 21.) Hie und da sieht man auch Rundhütten mit kegelförmigem Dache. Die Bewohner des Dorfes, die uns bald in großer Menge umdrängten, gehören größtenteils dem Stamme der Budja an, welcher rechteckige Hütten baut und eine mit den Ngombe-Sprachen verwandte Sprache redet; doch wohnen auch Angehörige eines anderen Stammes hier, welche Rundhütten bauen. Es soll dies, nach Aussage der Weißen im Posten Mombongo, der Stamm der Likwángula sein, dessen Hauptwohnsitze weiter östlich, gegen Ibembo zu liegen, und welcher mit den Mobenge und Ababua verwandt sein dürfte. Die Gesichtstätowierung der Budja von Mondunga besteht aus zwei oberhalb der Augenbrauen quer über die Stirne verlaufenden Reihen kleiner Narben und aus vier senkrechten Narbenreihen oberhalb derselben, zwei rechts und zwei links, zwischen welchen sich noch zwei kurze wagerechte Reihen befinden. Manche tragen auch noch federförmige Narben auf den Wangen. Die Vorderzähne werden zugespitzt. Die Frauen tragen das Haar oft zu gekräuselten Zotten geformt. Manche befestigen ein kleines Stück Stoff an der Hüftschnur, während bei anderen diese Schnur die einzige Spur einer Bekleidung bildet. (Siehe Tafel 20, 21, 101—103).

Am folgenden Morgen marschierten wir zuerst durch Pflanzungen und Häusergruppen, die Träger und einige meiner Diener voraus, die übrigen mit mir und dem Dorfhäuptling am Schlusse der Karawane, als plötzlich die vorausgegangenen Diener zurückkamen und mich fragten, ob mein Revolver geladen wäre, die Eingeborenen hätten die Absicht uns anzugreifen. Obwohl ich die Ängstlichkeit meiner Leute kannte und die Anwesenheit des Häuptlings mich beruhigte, so lud ich doch meinen Revolver, was ich bis dahin noch nicht für nötig gehalten hatte, und überzeugte mich, daß die Diener einen genügenden Vorrat an Patronen hatten, worauf wir weitergingen und bald an das Ende des Dorfes kamen, wo man streitende Stimmen hörte. Sie verstummten aber bei meiner Ankunft, einige Eingeborene ließen sich sogar herbei uns als Führer zu begleiten, ich verabschiedete mich von dem Häuptling und wir verließen das Dorf ohne Zwischenfall. Es scheint sich überhaupt nur um einen kleinen Streit zwischen den Eingeborenen und meinen Trägern gehandelt zu haben. Daß aber den Budja, mit welchen die Weißen wiederholt hartnäckige Kämpfe zu bestehen hatten*), auch nach ihrer im Jahre 1905 erfolgten Unterwerfung nicht zu trauen ist, darauf deutet noch ein anderer Vorfall hin, der einige Tage später in einem anderen, aber nicht weit entfernten Dorfe sich ereignete. Ein Weißer, der in Begleitung einiger Soldaten und Träger von Dobo nach Mombongo unterwegs war, wurde inmitten der Nacht vom Häuptling geweckt und aufgefordert, das Dorf schleunigst zu verlassen, da die Eingeborenen eines anderen Dorfes die Absicht hätten ihn anzugreifen. Er folgte wohlweislich diesem bedenklichen Rate nicht, sondern verstärkte die Wache und marschierte erst am Morgen weiter; doch zog er es am nächsten Tage vor, im Walde zu übernachten.

Nachdem wir das Dorf Mondunga, das mit einem zweiten Dorfe, namens Asongo in Verbindung steht, verlassen hatten, marschierten wir durch Pflanzungen und Wald, dann durch ein anderes, etwa 50 Hütten zählendes Dorf namens Mopepe oder Mopaka, welches den ersteren gleicht, hierauf abermals durch Wald und Pflanzungen, dann durch ein kleines Dörfchen, namens Libute, dessen Hütten von kreisrundem oder

---

*) Näheres darüber in A. Lejeune-Choquet, Histoire militaire du Congo (Bruxelles, A. Castaigne, 1906).

länglichrundem Grundriß waren und Lehmwände hatten, während seine
Bewohner noch der Tätowierung der Budja zeigten. Doch sah ich bei
Leuten aus dieser Gegend, die ich später in Mombongo traf, auch die
einfachere, nur aus einer quer über die Stirn verlaufenden Narbenreihe
bestehende Tätowierung, wie sie bei den Mobenge in der Umgebung von
Mobwasa üblich ist. Diese Leute sollen nach den Aussagen der Weißen
im Posten Mombongo zu dem bereits erwähnten Stamme der Likwángula
gehören, doch kannten sie selbst diesen Namen nicht.

Nachdem wir das Dörfchen Libute hinter uns gelassen hatten, marschierten wir während anderthalb Stunden abwechselnd durch halbverwilderte Pflanzungen von Bananen, Maniok und Bataten, wo auch einige
Safu-Bäume *(Pachylobus edulis* Don) standen, und durch verlassene
Dörfer, deren halbverfallene Lehmhütten von kreisrundem oder länglichrundem Grundriß und schon von üppigem Pflanzenwuchs überwuchert
waren. Die Eingeborenen pflegen häufig ihre Dörfer zu verlegen, hauptsächlich um frischen Boden für ihre Pflanzungen zu finden, doch verlegen sie sie auch oft aus der Nähe der Posten hinweg, um sich der Zählung und Besteuerung leichter entziehen zu können und Streitigkeiten
mit den Leuten der Weißen zu vermeiden. Nachdem die erwähnten
Dörfer, welche auf der Wasserscheide zwischen dem Itimbiri- und Mongala-Flusse gelegen sind, von ihren Bewohnern verlassen waren, sollen
Elefanten dort gehaust und das Zerstörungswerk der Natur beschleunigt
haben.

Unser Weg führte dann durch Hochwald allmählich abwärts, wir
überschritten den 15 m breiten und knietiefen Ngali-Bach, betraten bald
darauf einen breiten, von Ananaspflanzen eingesäumten Weg, der zuerst
noch durch Wald, dann durch Maniokpflanzungen führte, und erreichten
nach siebenstündigem Marsche den Posten Mombongo, welcher, rings
von Waldungen umschlossen, etwas erhöht oberhalb des erwähnten
Baches gelegen ist. Er besteht aus einigen Gebäuden für die drei dort
wohnenden Weißen und aus einer Anzahl Hütten für die Arbeiter. (Siehe
Tafel 22 und 23.) Die Pflanzungen liegen etwas abseits im Walde. Der
Posten wurde im Jahre 1898 gegründet, später wegen der Feindseligkeit
der Eingeborenen aufgegeben, dann wieder besetzt. Die früher in der
Nähe des Postens ansässigen Eingeborenen haben ihre Wohnsitze weiter
weg verlegt, so daß man im Umkreise von mehreren Stunden kein ein-

ziges Eingeborenendorf antrifft. Es befindet sich nur ein Dorf von Trägern in der Nähe, welche verschiedenen Stämmen, hauptsächlich dem der Budja, angehören und von ausgedienten Soldaten geleitet werden.

Da der Postenvorsteher von Mombongo zum Sektorenvorsteher, welcher sich damals in dem etwa sieben Stunden entfernten Posten Dundusana aufhielt, berufen wurde, so blieb ich sieben Tage in Mombongo, um seine Rückkehr abzuwarten. Ich benutzte diese Zeit vor allem zum Botanisieren am Waldrande, wo mannigfaltige Blüten oder Knospen tragende Sträucher zu finden waren. (Siehe Tafel 24 und 25.) Die Witterungsverhältnisse waren sehr angenehme; nachts sank das Thermometer bisweilen bis 16^0 C, untertags stieg es nie über 33^0 C; ein einziges Mal fiel etwas Regen, doch kamen mehrmals Morgennebel, sowie Gewitter ohne Regen vor.

Am 10. Februar brachen wir, begleitet von 56 Trägern aus dem erwähnten Dorfe, auf und marschierten zuerst durch Pflanzungen, dann durch dichten Hochwald nach dem Dörfchen Bingbe, welches aus etwa 20 Hütten von rechteckigem Grundrisse mit Wänden aus Palmblattrippen besteht. Seine Bewohner sollen zum Stamme der Mabali (Mobali) gehören, den ich auf meiner ersten Kongoreise kennen lernte. (Siehe Tafel 26.) Dann gingen wir durch dichten Hochwald weiter, bis an den Zusammenfluß des Mokabe- mit dem Moturu-Flüßchen, den wir nach siebenstündigem Marsche erreichten, und schlugen dort im Walde an einer Stelle, wo sich einige an den Seiten offene Unterkunftshütten befanden, unser Lager auf. Der Mokabe ist hier 15—20, der Moturu, welcher der Hauptquellfluß des Mongala-Flusses ist, mehr als 30 Meter breit. An seinem Ufer, wo der Boden sumpfig und von Elefanten zertreten war, wuchsen zahlreiche Bambuspalmen (*Raphia*). (Siehe Tafel 27.)

Am nächsten Morgen fuhren wir in kleinen Booten, die hierher bestellt worden waren, vom linken Ufer des Moturu- an das rechte des Mokabeflüßchens, das ebenfalls mit sumpfigem Palmenwald bedeckt ist, hinüber, gingen dann durch Hochwald mit wenig Unterholz nach einem von Pflanzungen umgebenen, neu angelegten, zu Mongende gehörigen Dorfe, welches aus etwa 20 Hütten von rechteckigem Grundriß, ohne Lehmunterbau, mit Wänden aus gespaltenen Palmblattrippen und mit Blätterdach bestand. Weiterhin führte unser Weg wieder durch Hochwald, dann durch verwilderte Pflanzungen zu einigen verfallenen Hütten, den Überresten des alten Dorfes Mongende, dem fernsten Punkte, den ich auf meiner ersten Kongoreise im Jahre 1896 erreichte. Ein breiter Weg führt von dort zum Ufer des Mokabe-Flüßchens hinab, welches an dieser Stelle etwa 100 m breit ist und einige grasige Inseln umschließt. Wir kreuzten es auf kleinen Booten und gingen dann weiter durch Hochwald nach dem neuen Dorfe Mongende, das wir nach im ganzen sechseinhalbstündigem Marsche erreichten.

Dieses Dorf besteht aus 15—20 Häusergruppen, die an kleinen Plätzen liegen und durch Pflanzungen von einander getrennt sind. Die Hütten gleichen denen des obenerwähnten Außendorfes; einige haben Blätterwände. Die Einwohner des Dorfes gehören größtenteils zum Stamme der Mongwandi, welche mehrere große tropfenförmige Narben in der Mittellinie der Stirn als Stammesabzeichen tragen; der Häuptling dagegen stammt aus Dundusana; seine Gesichtstätowierung besteht aus einer Reihe quer über die Stirne verlaufender kleiner Narben, oberhalb welcher sich zahlreiche noch kleinere befinden. Die hier übliche Sprache hat mit der der Mobenge von Mobwasa Ähnlichkeit und gehört zur Gruppe der Ababua-Sprachen. (Siehe Tafel 28—30.)

Der Häuptling und sein Stellvertreter waren noch dieselben, wie zur Zeit meiner ersten Kongoreise, wo ich von den Bewohnern dieses Dorfes meines Gepäckes beraubt worden war, nachdem sie zuerst sich geweigert hatten es zu tragen. Der alte Häuptling, welcher als treuer Anhänger der Weißen gilt, trug jetzt europäische Kleidung; er war sehr zutraulich und wich nicht mehr von meiner Seite, selbst während ich die Mahlzeit einnahm; auch sein Stellvertreter (Kapita), der damals das große Wort geführt hatte, schien sich etwas zivilisiert zu haben. Ich gab mich nicht zu erkennen, um nicht etwa zu Mishelligkeiten Anlaß zu geben, obwohl ich diesmal auf die gute Laune der Eingeborenen nicht angewiesen war, da ich über 6 bewaffnete Diener und 56 Träger verfügte, deren zwei Anführer (gewöhnlich Kapita genannt) Vorderlader trugen. Doch hätte ich hier fast wieder Schwierigkeiten mit den Trägern gehabt, denn ihr erster Anführer führte mir einen derselben vor, welcher seine Gefährten aufgefordert hatte, mein Gepäck wegzuwerfen und nach Hause zu gehen. Er stellte ihm eine Bestrafung im nächsten Posten in Aussicht und hielt an die übrigen eine Ansprache, nachdem er sie in Reih und Glied hatte aufmarschieren lassen. Ich kaufte ihnen dann am Abend noch Nahrungsmittel (Bananen und Maniokbrod), für welche die Frauen, die sie brachten, wie gewöhnlich, mit Salz bezahlt wurden. Am nächsten Morgen überreichte mir der Häuptling drei Hühner, wofür er statt der ihm angebotenen Stoffe lieber Messingdraht haben wollte, der sonst in der Regel nicht mehr verlangt wird. Dann schieden wir in gutem Einvernehmen von ihm und setzten unseren Marsch zuerst durch Pflanzungen, dann durch Hochwald fort.

Wir überschritten einen großen Bach, der zum Mokabe fließt, und gerieten fünf Stunden nachdem wir das Dorf verlassen hatten, in ein Dickicht von Sträuchern und hohen krautigen Scitamineen, in welchem nur wenige hochstämmige Bäume zerstreut standen. (Siehe Tafel 31.) Das Vorwärtskommen war hier äußerst mühsam, da man fortwährend gebückt gehen mußte, um den über den Weg hängenden, von Ameisen wimmelnden Zweigen auszuweichen, wobei man sich leicht in am Boden liegende Schlinggewächse verstrickte. Überdies brannte die Sonne heiß durch das nur wenig Schatten gebende Gebüsch; ich empfand dies um so drückender, als unser Weg bisher fast stets durch tiefen Waldesschatten geführt hatte. Nachdem wir uns zwei Stunden lang durch dieses Dickicht durchgearbeitet hatten, übernachteten wir am Uferhang eines großen Baches unter einigen alten Bäumen.

Am folgenden Morgen setzten wir unseren Marsch durch das Gebüsch fort, welches bisweilen in niedrigen Wald überging, wo die Scitamineen weniger massenhaft auftraten. Hie und da standen Ölpalmen und andere hohe Bäume darin zerstreut. Gegen Mittag überschritten wir einen großen, knietiefen Bach mit ziemlich steiler Uferböschung, welcher wahrscheinlich schon zum Gebiet des Ebola-Flusses gehört, und erreichten nachmittags nach siebenstündigem Marsche, welcher uns zuletzt durch ausgedehnte Maniokpflanzungen und durch das mehr als hundert Hütten zählende Mongwandi-Dorf Mbui (Embui oder Mombui) führte, den verlassenen Posten Mogbógoma.

Dieser ist von Pflanzungen umgeben und besteht aus einigen im Verfalle begriffenen Gebäuden, welche man dem Häuptlinge des erwähnten Dorfes überlassen hatte, der sie durch einige ausgediente Soldaten bewachen ließ. (Siehe Tafel 32.) Zahlreiche Mongwandi-Dörfer liegen ringsum. Die Hütten in diesen Dörfern sind in geringen Abständen voneinander an einer breiten Straße gelegen, welche in der Regel an einigen

Stellen durch Gebüsch oder Pflanzungen unterbrochen ist. Sie sind von kreisrundem Grundriß und haben Lehm-, seltener Laubwände und ein kegelförmiges, mit Laub, seltener mit Gras gedecktes Dach, welches in eine lange Spitze ausläuft, die häufig einen aus Gras oder Laub gebildeten Knauf trägt. Doch sieht man dazwischen auch einige rechteckige Hütten. Vor vielen Hütten stehen auf Pfählen ruhende kegelförmige, sattelförmige oder flache Schutzdächer, unter welchen sich die Eingeborenen bei Tage aufzuhalten pflegen. Auch gibt es dort Fetische von zweierlei Art, die einen in Gestalt kleiner oder winziger, meist mit einem kegelförmigen Grasdach versehener Hüttchen, in oder neben welchen man bisweilen Töpfe oder Stücke Stoff, vermutlich Weihgeschenke für die dort wohnenden Geister, antrifft, die anderen in Gestalt mehrerer Stäbe, welche stellenweise schwarz gefärbt und mit weißen Einkerbungen versehen sind. Auch Gruppen von Sträuchern oder Bananen befinden sich oft inmitten der Dorfstraße, häufig in Verbindung mit den erwähnten Geisterhüttchen. (Siehe Tafel 34—37.)

Die Bewohner dieser Dörfer gehören, wie bereits erwähnt, zum Stamme der Mongwandi, dessen Wohnsitze von hier bis an den Mittellauf des Mongala-Flusses sich erstrecken. Sie sind gewöhnlich mittelgroß oder ziemlich klein, mittel- oder breitköpfig, von nicht sehr dunkler Hautfarbe und nicht ausgesprochen negerartigen Gesichtszügen. Bei den von mir gemessenen Männern schwankte die Körpergröße zwischen 156 und 173 cm., der Längen-Breiten-Index des Kopfes zwischen 78 und 90. Ihre Gesichtstätowierung besteht in der Regel aus mehreren (meist 5) großen, länglich-tropfenförmigen Narben in der Mittellinie der Stirne, seltener aus drei Reihen kleinerer, rundlicher Narben, nämlich einer senkrechten an der erwähnten Stelle und zwei wagrecht-bogenförmigen oberhalb der Augenbrauen; auch sieht man bisweilen die quer über die Stirne verlaufende Narbenreihe, wie sie bei den Mobenge von Mobwasa üblich ist. Häufig werden die Ohrläppchen durchbohrt und stark erweitert, nicht aber die Lippen. Das Haar wird oft mit Glasperlen, namentlich kleinen roten und blauen, verziert. Die Männer und größeren Knaben tragen meistens noch den zwischen den Beinen durchgezogenen, durch die Hüftschnur festgehaltenen Schurz aus Rindenstoff, welcher in dem von mir bereisten Gebiet überall in Gebrauch ist, die Frauen und mannbaren Mädchen ein zwischen den Oberschenkeln eingeklemmtes

Stück Bananenblatt, welches vorne durch die Hüftschnur festgehalten wird, während es hinten frei endigt und bisweilen hervorragt, die jüngeren Mädchen, etwa bis zum Alter von zwölf Jahren, nur die Hüftschnur; doch sieht man auch Frauen, welche das Blatt nicht zwischen den Oberschenkeln, sondern um die Hüften gebunden tragen, sowie solche, welche sich statt dessen eines um die Hüften geschlungenen Stückes europäischen Stoffes bedienen. Oft tragen schon ganz kleine Kinder die Hüftschnur, in der Regel aber bleiben solche völlig unbekleidet; sie werden, wie im ganzen von mir bereisten Gebiete, von ihren Müttern rittlings auf der Hüfte sitzend getragen. Die Mongwandi werden von den Weißen als Arbeiter und Soldaten sehr geschätzt. Ihre Sprache hat mit der der nördlich von ihnen wohnenden Bongo, Sango und Yakoma große Ähnlichkeit. (Siehe Tafel 33—41 und 104—108.)

Ich blieb drei Tage in Mogbógoma, um die Antwort auf den Brief abzuwarten, welchen ich wegen Beschaffung neuer Träger an den Sektoren-Vorstand in Abumombazi geschrieben hatte. Während dieser Tage wurde ich sehr von den Eingeborenen überlaufen, die Lebensmittel zum Verkauf brachten oder Arzneimittel verlangten, von welch letzteren ich indes, wie es am Kongo üblich ist, fast nur Chinin, Jodtinktur und Jodoform anwandte. Auch kamen alle Häuptlinge der umliegenden Dörfer und brachten ein jeder zwei Hühner, so daß ich bald viel mehr davon hatte, als ich gebrauchen konnte. Einmal wäre es fast zu einem Streite mit den Eingeborenen gekommen. Zwei meiner Diener waren ohne meine Erlaubnis in den Wald gegangen, um zu jagen und begegneten dabei Frauen der Eingeborenen, welche angeblich ein Gespräch anzuknüpfen versuchten, worauf ihre Männer herbeikamen und meine Diener mit ihren Messern bedrohten. Einer dieser Männer kam dann auch abends mit einer Frau zu mir, anscheinend um sich zu beklagen, doch verstand ich ihn nicht und meine Diener verdolmetschten mir seine Reden natürlich so, wie es in ihrem Interesse lag. Er ging dann weg und bald darauf hörte man aus dem Dorf, in dessen Nähe sich der Vorfall ereignet hatte, Gesänge herüberschallen, die bis gegen Mitternacht andauerten. Meine Diener sagten, es wäre dort jemand krank und die Frauen trachteten den Geist der Krankheit durch ihre Gesänge zu verscheuchen. Ich dachte aber doch an die Möglichkeit, daß die Einwohner jenes Dorfes, von welchem auch meine Träger viel schlechtes zu berichten wußten, uns während der Nacht angreifen könnten. Ich verstärkte daher den Wachposten des Häuptlings, der Tag und Nacht vor dem von mir bewohnten Hause sich aufzuhalten pflegte, durch einige meiner Diener, blieb auch selbst lange auf, doch ereignete sich nichts.

Am dritten Tage meines Aufenthaltes in Mogbógoma kam der Bote, den ich nach Abumombazi geschickt hatte, zurück und brachte mir die Einladung, dorthin zu kommen. Am 17. Februar brachen wir auf, überschritten den Nyole-Bach, der damals nur 15 m breit und etwas mehr als knietief war, während er zur Regenzeit mit Booten befahren werden kann, gingen dann durch das Uferdörfchen Mabali, wo es neben den in dieser Gegend vorherrschenden Hütten von kreisrundem Grundriß auch viele von rechteckigem oder länglichrundem (fast rechteckigem, aber an den Ecken abgerundetem) Grundrisse gab, dann durch das etwa 300 Hütten zählende, durch Pflanzungen in vier Teile geteilte Dorf Ngandu, hierauf durch Hochwald, der stellenweise sumpfig und von zahlreichen Bächen durchschnitten war, von welchen zwei (der Kulunga- und der Lole-Bach) eine Tiefe von nahezu einem Meter hatten. Wir marschierten im ganzen 20 Stunden, übernachteten zweimal im Walde (siehe Tafel 42) und erreichten am dritten Tage den Posten Abumombazi, nachdem wir die letzten drei Stunden größtenteils durch Gebüsch, zuletzt durch ausgedehnte Pflanzungen von Maniok und Bananen und durch ein großes, über 200 Hütten zählendes Mongwandi-Dorf, namens Ngende oder Mongende, gegangen waren. Durch die übermäßig langen Märsche, vielleicht auch durch Übersehen eines eingedrungenen Sandflohes, hatte ich mir eine Entzündung an einer Zehe zugezogen, so daß ich genötigt war, den größten Teil des Weges hinkend und auf meinen Schirm mich stützend zurückzulegen.

Der Posten Abumombazi, welcher von den Eingeborenen gewöhnlich Bombazi genannt wird, enthält eine namhafte Anzahl von Gebäuden, welche größtenteils an einer langen Straße liegen, die von mehreren Palmenalleen gekreuzt wird. (Siehe Tafel 43.) Es befanden sich drei Weiße dort, ein Belgier, ein Italiener und ein Schwede, was ich als Beispiel für die Nationalitätenmischung unter den Beamten der belgischen Kongokolonie anführe. Die Umgebung ist reich an Ölpalmen. Rings um den Posten liegen zahlreiche Mongwandi-Dörfer, welche den in der Nähe von Mogbógoma gelegenen ähnlich sind. Auch ihre Bewohner stimmen mit denen der Landschaft Mogbógoma überein. Ich hatte hier Gelegenheit einen Tanz der Eingeborenen zu sehen, welcher einen unfreiwillig komischen Eindruck machte. Die tanzenden Männer waren in einem Halbkreis aufgestellt und machten mit dem Kopfe ruckweise Bewegungen nach beiden Seiten, wobei sie starr dreinschauten und sich allmählich immer tiefer hinabbeugten, dann sich wieder aufrichteten, um von neuem zu beginnen. (Siehe Tafel 44—56.)

Ein Mongwandi-Dorf bei Abumombazi.

Am 24. Februar brach ich von Abumombazi mit 45 Trägern aus einem benachbarten Dorfe nach dem Ubangi auf. Der Weg führte zuerst zwischen Hütten und durch Pflanzungen, kreuzte dann den damals während der Trockenzeit nur 30 Meter breiten und 1 Meter tiefen Ebola-Fluß, den ich in einem Boote übersetzte, während die Träger hindurchwateten, und führte hierauf durch Hochwald allmählich aufwärts. Bald aber hörte der Wald auf, und nachdem wir einen nur wenige hundert Meter breiten Streifen Gebüsch durchquert hatten, kamen wir in offenes Grasland mit zerstreut stehenden Bäumchen hinaus, wo der Boden mit eisenhaltigem

Kies bedeckt war. (Siehe Tafel 57.) Später gelangten wir wieder in hohen Wald und schlugen dort nach vierstündigem Marsche an einem Bächlein unser Lager auf.

Am folgenden Morgen kreuzten wir den zum Ebola fließenden, 10 bis 15 Meter breiten und fast 1 Meter tiefen Biali-Bach und gingen dann anfangs durch Hochwald, später durch niedrigen Wald oder Gebüsch mit vereinzelten Baumriesen, wiederholt kleine Hügel auf und ab, zuletzt durch Bananenpflanzungen nach einem kleinen, zu Gugo gehörigen Dörfchen, welches wegen der Schlafkrankheit, die dort viele Opfer gefordert hatte, größtenteils verlassen war, und an dessen Eingang eine Amaryllidacee *(Crinum scabrum* Sims) mit großen, weißen, rotgestreiften Blüten stand, vermutlich als Fetischpflanze, der, als Wohnsitz eines Geistes, übernatürliche Kräfte zugeschrieben werden. Dann setzten wir unseren Weg durch Grasland, welches mit blütenreichem Gebüsch und niedrigem Wald abwechselte, fort, kamen an einem zweiten Dörfchen und an verlassenen Hütten vorbei und erreichten nach siebenstündigem Marsche das etwa 300 Hütten zählende Dorf Mbuo in der Landschaft (im Gau) Gugo, gewöhnlich wie diese Gugo oder Mogugo genannt, wo wir von der Dorfjugend mit großem Hallo empfangen wurden.

Dieses Dorf, das durch Pflanzungen und Gebüsch in mehrere Teile geteilt ist, gleicht den Mongwandi-Dörfern im Ebola-Gebiete, doch waren Gruppen von Sträuchern oder Bananen, sowie Geisterhüttchen inmitten der Dorfstraße noch zahlreicher als in jenen Dörfern. Auch die Eingeborenen dieser Gegend, die auf den Karten als Bongo bezeichnet sind, unterscheiden sich in sprachlicher und anderer Hinsicht nicht wesentlich von den Mongwandi. Neben der bei weitem vorherrschenden Tätowierung dieses Stammes sieht man auch hier noch bisweilen die der Mobenge aus der Umgebung von Mobwasa. (Siehe Tafel 58.)

Am folgenden Tage führte unser Weg durch Hügelland, dem überdies noch große alte Termitenbauten aufgesetzt waren, und welches mit Gras und zerstreutstehenden Sträuchen und Bäumchen bewachsen war. Das Gras war vor einiger Zeit abgebrannt worden und hatte bereits wieder eine Höhe von einem Meter erreicht. Stellenweise, namentlich an den Bächen, durchquerten wir Streifen von Gebüsch oder Wald. Die Landschaft war an diesem Tage sehr abwechslungsreich, was bisher, wo wir fast fortwährend dichten Wald durchzogen hatten, nicht der Fall gewesen war. Allerdings machte sich der Mangel an Schatten in der Mittagshitze sehr empfindlich bemerkbar. Wir kamen durch einige Dörfchen und erreichten nach sechsstündigem Marsche das etwa 200 Hütten zählende Dorf Ndonga in der Landschaft (im Gau) Gini, welches dem oben beschriebenen Dorfe Gugo ähnlich ist. (Siehe Tafel 59—63.)

Am vierten Tage führte unser Weg über fast ebenen Boden durch zahlreiche verlassene Dörfer und halbverwilderte Pflanzungen, welche mit Grasland, Gebüsch und niedrigem Wald abwechselten. (Siehe Tafel

Der Uele-Fluß bei Yakoma.

64 und 65.) An einer Stelle durchquerten wir einen dichten Wald von jungen Ölpalmen, auch kamen wir durch einige noch bewohnte Dörfer und erreichten nach fünfstündigem Marsche den Posten Yakoma, welcher am linken Ufer des Uele- (Wele- oder Uelle-) Flusses gegenüber und etwas oberhalb der Einmündung des Mbomu (Bomu) gelegen ist.

Die Reise von Mandungu am Itimbiri-Flusse bis hierher hatte genau einen Monat gedauert und 17 Marschtage mit zusammen 103 Marschstunden, die Aufenthalts- und Rastzeiten nicht mitgerechnet, in Anspruch genommen.

Das Flußbett des Uele in der Nähe von Yakoma ist felsig; während der Trockenzeit ragen mehrere Inseln über den Wasserspiegel empor. Seine Ufer sind mit Gras und Gebüsch bewachsen. (Siehe Tafel 66.) Der Posten Yakoma ist von großen Pflanzungen umgeben und besteht aus mehreren am Ufer des Flusses gelegenen Ziegelhäusern. (Siehe Tafel 67.) Er hat eine starke Besatzung, da die Umgebung dicht bevölkert ist und die Bewohner des gegenüberliegenden französischen Ufers mit-

Im Posten Yakoma.

unter Raubzüge nach dem belgischen Ufer unternehmen, während die Weißen der beiden Kolonien in freundschaftlichen Beziehungen zu einander stehen. Pferde und Rinder sind in bedeutender Anzahl vorhanden; letztere werden in der Regel den Eingeborenen der Umgebung zur Pflege überlassen.

Mehrere Dörfer der Eingeborenen liegen in der Nähe des Postens. Sie gleichen denen der Mongwandi und Bongo, doch reichen die mit Gras gedeckten Dächer fast bis zum Erdboden hinab. Ihre Bewohner gehören zum Stamme der Yakoma, welcher mit den Sango, Bongo und

Mongwandi nahe verwandt ist. (Siehe Tafel 68—72.) Sie verfertigen viel
Eisenwaren, namentlich Messer und Speere mit langem Eisen und schön
geschnitztem Schafte, wozu sie das Eisen aus in der Nähe gelegenen
Gruben entnehmen, ferner verschiedene Holzwaren, darunter den europäischen nachgeahmte Klappstühle. (Siehe Tafel 108 und 109.) Ihre
Hauptnahrungsmittel sind, wie bei den Stämmen des Mongala-Gebietes,
Bananen und Maniok, doch machen sie kein Maniokbrod (Shikwange),

Der Ubangi an der Einmündung des Mbomu.

sondern essen den Maniok gewöhnlich geschabt, wie ich es von den
Budja am Itimbiri berichtet habe. Von Bananen wird sowohl die großfrüchtige als auch die klein- und süßfrüchtige Abart gebaut. Die Früchte
der letzteren werden auf den Märkten der Yakoma und Bongo auch in
geschältem und halbgetrocknetem Zustande feilgeboten. Die Häuptlinge
in der Umgebung des Postens lassen sich gewöhnlich viereckige Lehmhütten mit einer ringsherumlaufenden Veranda in Nachahmung der Häuser
der Weißen bauen und halten sich eine Leibwache, welche aus ausgedienten Soldaten besteht, die ebenso gekleidet sind wie die Soldaten der

Regierung und wie diese verschiedene Signale blasen und das Gewehr präsentieren, wenn ein Weißer vorbeikommt.

Am 3. März verließen wir Yakoma und fuhren in zwei großen, etwa 10 Meter langen und 90 Zentimeter breiten Booten, von welchen das eine mit einem Dache versehen war, den hier etwa einen Kilometer breiten Ubangi-Strom hinab. Seine Ufer sind etwas erhöht und teils mit Grasland, teils mit Wald bedeckt. Man bemerkt vom Fluß aus nur wenig Dörfer. Die Ruderer, von welchen etwa fünfzehn in jedem Boote waren, arbeiteten sehr unregelmäßig, indem sie häufig ausruhten und die Boote von der Strömung treiben ließen, dann wieder miteinander um die Wette fuhren, auch öfters, namentlich bei Sandbänken, ausstiegen, um zu baden oder Tauschhandel zu treiben. Am Abend landeten wir bei einem Dörfchen, doch vergebens wartete ich auf die Ankunft des zweiten Bootes, in welchem drei meiner Diener, sowie der größte Teil meines Gepäckes mit Einschluß meines Zeltes und Bettes sich befanden. Ich war daher genötigt, die Nacht im Freien, in meinem Lehnstuhl am Lagerfeuer sitzend zu verbringen; doch mußte ich wiederholt aufstehen, um mich durch auf- und abgehen zu erwärmen, da es verhältnismäßig kühl war (18—19⁰ C) und das Feuer schlecht brannte. Erst am nächsten Morgen, bald nach unserer Abfahrt, holte uns das zweite Boot ein. Die Diener, die sich darin befanden, behaupteten, es wäre zu schwer beladen gewesen und sei infolgedessen umgekippt. Es war aber von den Folgen eines solchen Unfalles nichts zu bemerken; ich halte es daher für wahrscheinlicher, daß meine Diener mit der Jagd auf Wasservögel oder anderes Getier sich aufgehalten haben.

Am nächsten Tage fuhren wir über die ersten Stromschnellen hinab, die aber damals, während der Trockenzeit, so unbedeutend waren, daß man sie kaum bemerkte, und übernachteten bei einem kleinen Sango-Dorfe.

Am dritten Tage erreichten wir den Posten Banzyville (Banziville), welcher aus einer größeren Anzahl von Gebäuden besteht, die am Fuße eines felsigen, hundert Meter hohen, mit Pflanzungen und Grasland bedeckten Hügels unter Palmen versteckt liegen. Auch die weitere Umgebung des Postens ist hügelig und außerhalb der sehr ausgedehnten Kautschukpflanzungen teils mit Grasland, teils mit Wald bewachsen.

Mehrere Dörfer der Eingeborenen befinden sich in der Nähe. Die

Hütten in diesen Dörfern sind von kreisrundem Grundriß und haben niedrige, aus Pfählen und Baumrinde hergestellte Wände, eine etwas vorspringende Tür und ein hochkegelförmiges, mit Gras gedecktes, fast bis zum Erdboden hinabreichendes Dach. Ihre Bewohner gehören zum Stamme der S a n g o, welcher mit den Yakoma, Bongo und Mongwandi nahe verwandt ist. Sie haben dieselbe Kleidung und Tätowierung wie die zu diesen Stämmen gehörigen Eingeborenen und tragen auch wie diese

Ein Sango-Dorf bei Banzyville.

viele Glasperlen in den Haaren. Manche von den jungen Mädchen tragen falsche Haare aus Pflanzenfasern, deren untere Enden zu einem großen, walzenförmigen Ballen zusammengerollt und von einem Netz umschlossen auf dem Rücken getragen werden; indessen ist diese Mode bereits im Abnehmen begriffen. (Siehe Tafel 73 bis 75.)

Eine Stunde von Banzyville entfernt befindet sich ein Dorf, namens K a s e n g e, welches von Leuten aus dem Stamme der Nsákara (Sákara) bewohnt ist, die bei Gelegenheit der Raubzüge ihres Häuptlings Bangaso in diese Gegend gelangten und hier zurückblieben. Es unterscheidet sich aber in keiner Weise von den übrigen Dörfern der Umgebung; auch seine Bewohner zeigen keinerlei Besonderheiten und haben bereits die Sango-Sprache angenommen. (Siehe Tafel 76—78.)

Gegenüber von Banzyville, auf dem rechten Ufer des Ubangi, erblickt man den stattlichen französischen Posten Mobaye (Mobai) in schöner Lage auf einer Halbinsel. Es gibt dort mehrere Kaufläden, wo man auch Gebrauchsgegenstände für Weiße zu kaufen bekommt, was auf dem belgischen Ufer nirgends der Fall ist. Natürlich sind die Preise sehr hoch; so kostete z. B. ein halbes Kilogramm Butter fünf Franken. Die Eingeborenen gebrauchen den Namen Mobai auch für den belgischen Posten.

Ich blieb vier Tage in Banzyville und machte einige Ausflüge in die Umgebung; da aber die Entzündung an meinem Fuße, die ich mir durch die langen Märsche im Mongala-Gebiete zugezogen hatte, sich dadurch wieder verschlimmerte, so mußte ich meinen Plan, von hier zu dem zwei Tagreisen entfernten Dorfe des Banza-Häuptlings Otobanza und dann zu dem sechs Tagreisen entfernten Posten Bosobola im Lande der Ngombe zu gehen, aufgeben und die Heimreise auf dem Flusse antreten.

Es wurden mir wieder zwei große, ähnlich wie die früheren bemannte Boote zur Verfügung gestellt, in welchen wir nun den 1—2 Kilometer breiten Ubangi-Strom hinabfuhren. Auch in diesem Teile des Flußlaufes gibt es mehrere Stromschnellen, die sich aber, wenigstens bei niedrigem Wasserstande, wenig bemerkbar machen. Die Ufer sind anfangs hügelig und mit Gras bedeckt, weiterhin aber größtenteils bewaldet, doch beschränkt sich der Wald auf einen schmalen, nur 20—100 Meter breiten Streifen längs der beiden Ufer, auf welchen landeinwärts Grasland folgt. Stellenweise reicht letzteres bis an den Fluß. Palmen sind in dieser Gegend selten. Häufig treten Hügel von 1—200 Meter Höhe an den Strom heran, anfangs mehr auf dem rechten, später mehr auf dem linken Ufer. Auf dem rechten, französischen Ufer, liegen mehrere Stationen, größtenteils Handelsgesellschaften gehörig, auf dem belgischen erreicht man den nächsten Posten, Mokoange, erst am sechsten Tage.

Die Eingeborenen der Ufergegenden gehören verschiedenen Stämmen an. Einige Dörfer unterhalb Banzyville sind noch von Sango bewohnt, deren Sprache am Ubangi auch außerhalb ihres Verbreitungsbezirkes vielfach als Verständigungsmittel gebraucht wird. Weiter stromabwärts kommt man in das Gebiet der Bánziri oder Bwándjiri, deren Hütten im Gegensatze zu denen der Sango ein halbkugeliges (kuppelförmiges), bis auf den Boden hinabreichendes Grasdach haben. Das Innere der Hütten ist vertieft und meist durch Pfähle in zwei Abteilungen geschieden. Vor denselben befindet sich gewöhnlich eine Erhöhung, auf welcher drei als Kochherd dienende Steine oder Lehmklumpen liegen. Die Männer

Hütten der Banziri.

tragen, wie die der Nachbarstämme, den mehrfach erwähnten, zwischen den Schenkeln durchgezogenen Schurz aus Rindenstoff, die Frauen dagegen, auch die erwachsenen, gehen in der Regel, abgesehen von der Hüftschnur, völlig nackt. Die Gesichtstätowierung der Bánziri gleicht der der südlich von ihnen wohnenden Banza und besteht aus einer senkrechten Reihe kleiner Narben in der Mittellinie der Stirne, doch fehlt sie bisweilen ganz. Ihre Sprache ist von der der Sango gänzlich verschieden, hat aber mit der der Bwaka, die weiter flußabwärts wohnen, Ähnlichkeit. (Siehe Tafel 79 und 80.)

Auf die Bánziri folgen stromabwärts die Gobu (Ngobu). Sie haben keine Gesichtstätowierung, durchbohren sich aber häufig die Lippen und die Nasenscheidewand, um Pflöcke durchzustecken. Die Männer sind mit dem erwähnten Schurz aus Rindenstoff, die erwachsenen Frauen mit Blättern oder kleinen Schürzchen aus Stoff oder Pflanzenfasern bekleidet. Ihre Hütten haben meistens ein halbkugeliges, mit Gras gedecktes, fast bis zum Boden hinabreichendes Dach; doch sah ich bei ihnen auch einige Hütten mit kurz-kegelförmigem Dach und verhältnismäßig hohen Wänden.

Hütten der Gobu.

(Siehe Abbildung.) Vor den Hütten stehen gewöhnlich kleine Fetischhüttchen, sowie Hühnerhäuschen und auf Pfählen ruhende, mit einem halbkugeligen Grasdach versehene Getreidespeicher zur Aufbewahrung der Sorgo-Rispen.

Kurz bevor wir den Posten Mokoange erreichten, begegneten wir Booten, welche die von mir in Bumba ausgemusterten und auf dem Flußwege nach Banzyville abgeschickten Gepäcksstücke mitführten. Ich veranlaßte die Ruderer nach Mokoange zurückzukehren, wo ich die Sachen in Empfang nahm.

Der Posten Mokoange (Mokwange), von den Eingeborenen Bembe genannt, besteht nur aus wenigen Gebäuden; es befand sich ein einziger Weißer dort. (Siehe Tafel 81.) Gegen Süden zu ist der Posten von Pflanzungen umgeben, hinter welchen sich grasige Hügel erheben. Einige Dörfchen der Eingeborenen liegen in der Nähe. Ihre Bewohner gehören zum Stamme der Bwaka (Mbwaka). Sie bauen lange, rechteckige Hütten aus Gras, welche in kleinen Gruppen beisammen liegen, die durch Pflanzungen oder Grasland voneinander getrennt sind. Auch hier sieht man mit Gras gedeckte Sorgospeicher von Heuschoberform, sowie Fetische in Gestalt von mehreren Stäben und Geisterhüttchen, in oder neben welchen bisweilen Töpfe, Körbe oder Knochen, wahrscheinlich Überreste von Opfern oder Weihgeschenken, sich vorfinden. Die Eingeborenen dieser Gegend tragen keine Tätowierung auf der Stirne. Die Männer sind ebenso gekleidet, wie die der Nachbarstämme, die Frauen tragen vorne und hinten ein spannlanges Schürzchen aus zahlreichen losen oder zu Schnüren zusammengedrehten Pflanzenfasern. (Siehe Tafel 82—85 und 110—114.)

Nach anderthalbtägigem Aufenthalt in Mokoange fuhren wir den Ubangi in drei Booten weiter hinab. Er bildet hier eine Reihe von Stromschnellen, von welchen die des Elefanten, etwa zwei Stunden unterhalb Mokoange, und die von Zongo die bedeutendsten sind. An diesen beiden Stromschnellen stieg ich aus, da hier öfters Unfälle vorkommen, und ging eine kurze Strecke weit zu Fuß, während die beladenen Boote den Fluß hinabfuhren. Von den übrigen Stromschnellen war damals, zur Zeit niedrigen Wasserstandes, wenig zu bemerken. Die Uferlandschaft ist hier etwas hügeliger als vorher; unterhalb der Zongo-Stromschnellen flacht sie sich allmählich ab. Anfangs sind die Hügel noch größtenteils mit Gras bewachsen, weiter flußabwärts nimmt der Wald immer mehr zu. Unterhalb der Zongo-Stromschnellen sind die Ufer durchaus bewaldet, doch reicht der Wald, wenigstens auf dem linken Ufer, nicht weit landeinwärts. (Siehe Tafel 86 und 87.)

Die Eingeborenen dieser Gegend gehören zu dem bereits erwähnten Stamme der Bwaka. Ihre Dörfer bestehen aus mehreren senkrecht zum Flusse verlaufenden kurzen Straßen. Die Hütten sind niedrig, kaum zwei Meter hoch, von rechteckigem Grundrisse, mit einem Giebeldach versehen und meist der Länge nach zu mehreren aneinandergebaut. Die

Wände bestehen meistens aus Rinde. Oft fehlen die Zwischenwände zwischen den Hütten, manchmal auch die Seitenwände. Vor den Hütten befinden sich häufig auf Pfählen ruhende Schutzdächer für den Aufenthalt bei Tage. Die Hütten der Bwaka sind wohl die elendsten von allen, die ich während meiner diesmaligen Reise sah.

Außer den Bwaka wohnen aber auch Angehörige eines anderen Stammes in dieser Gegend, denn in einem in der Nähe von Zongo gelegenen Dorfe namens Bómbula fand ich eine Sprache, welche von der Bwaka-Sprache gänzlich verschieden ist, dagegen mit den nördlich vom Ubangi weit verbreiteten Sprachen der Mandjia und Baya große Ähnlichkeit hat. Im übrigen wies dieses Dorf und seine Bewohner keinerlei Besonderheiten gegenüber den benachbarten Bwaka-Dörfern und deren Einwohnern auf. Da auf den Karten in dieser Gegend der Stammesname Bonduru angegeben ist, so ist wohl anzunehmen, daß die Bewohner des Dorfes diesem Stamme angehören; doch wäre es auch möglich, daß sie vor noch nicht langer Zeit vom rechten (französischen) Ufer her eingewandert sind.

Unmittelbar unterhalb der letzten größeren Stromschnellen befindet sich der verlassene belgische Posten Zongo mit einigen halbverfallenen Lehmhäusern. Von dort fuhr ich nach dem stattlichen französischen Posten Bangui (Bangi), dem Hauptort der Ubangi-Shari-Kolonie hinüber, um Einkäufe zu machen; dann setzten wir die Fahrt stromabwärts fort und erreichten am dritten Tage, nachdem wir Mokoange verlassen hatten, am 18. März, den großen Posten Libenge, den Hauptort des Ubangi-Distriktes, wo unsere Bootfahrt ihr Ende hatte. Hier fand ich die in Matadi zurückgebliebenen Gepäckstücke vor, sowie einige andere, welche ich von Europa aus nach Yakoma vorausgeschickt hatte, die aber noch nicht weiter als bis hierher gelangt waren.

Der Posten Libenge enthält eine größere Anzahl von Gebäuden und wird von mehreren Weißen bewohnt. (Siehe Tafel 88 und 89.) Ringsum breiten sich große Pflanzungen aus, dahinter erstreckt sich etwa eine Tagreise weit fast ebener Hochwald mit vielen Ölpalmen, auf welchen gegen das Innere zu Grasland folgt. Noch innerhalb der Pflanzungen liegen einige Dörfchen der Bwaka (siehe Tafel 90) und der Ngombe (Gombe). Die Hütten des von mir besuchten Ngombe-Dörfchens Lifakini liegen auf drei Seiten eines viereckigen Platzes und sind von rechteckigem

Grundriß, ohne Lehmunterbau; sie haben Wände aus Palmblattrippen, Rinde oder Lehm und ein mit Palmblättern gedecktes Giebeldach. Die Kleidung der Ngombe dieser Gegend ist dieselbe wie die der Bwaka und beschränkt sich in der Regel bei den Männern auf einen Rindenstoffschurz, bei den Frauen auf ein Faserschürzchen. Ihre Gesichtstätowierung besteht gewöhnlich aus einer oder zwei Reihen sehr kleiner Narben, welche quer über die Stirne verlaufen, doch fehlt sie bisweilen ganz. Das Kopf-

Bangui und die Stromschnellen von Zongo.

haar wird häufig rasiert. Ihre Sprache ist der der Ngombe im Bangala-Distrikte sehr ähnlich. (Siehe Tafel 91—94 und 112.) Auch einige Dörfer der Banza liegen in der Umgebung von Libenge, jedoch in größerer Entfernung als die erwähnten Bwaka- und Ngombe-Dörfer. Es war mir deshalb nicht möglich, sie zu besuchen; ich hatte aber Gelegenheit, Bewohner derselben in Libenge zu sehen. Sowohl in der Umgebung dieses Postens als auch weiter landeinwärts wohnen die erwähnten drei Stämme (Ngombe, Bwaka, Banza) vielfach untereinander vermengt. Es scheint, daß die Ngombe am längsten hier ansässig sind, und daß erst später die Bwaka und zuletzt die Banza von Norden kommend sich zwischen sie eingeschoben haben.

Nach viertägigem Aufenthalt in Libenge fuhren wir auf einem kleinen Dampfer, auf welchem auch der Distrikts-Kommissär J. Sauber seine Heimreise antrat, den Ubangi weiter hinab. Seine Ufer sind stellenweise flach, häufiger aber etwas erhöht mit steiler Böschung. Sie sind durchaus bewaldet, doch soll sich der Wald auf dem linken Ufer des Ubangi, ungefähr bis zur Mündung des Lua-Flusses hinab, nur etwa 25 Kilometer

Ein Bwaka-Dörfchen bei Libenge.

weit landeinwärts erstrecken. Die Eingeborenen dieser Gegend gehören zum Stamme der Mondjembo oder Monsombo. Ihre Dörfer gleichen denen der Bwaka, auch ist ihre Sprache mit der der Bwaka verwandt. Die Frauen tragen ringsherumreichende Röckchen aus losen oder zu Schnüren zusammengedrehten Pflanzenfasern um die Hüften und häufig breite, seitlich abgeflachte und in der Mitte mit einem breiten Vorsprung versehene, etwa 1¼ Kilogramm schwere Kupferringe um den Hals. (Siehe Tafel 95—97 und 112—113.)

Einige Kilometer unterhalb der Einmündung des Lua-Flusses liegt auf dem hier steil zum Wasser abfallenden Uferrande des Ubangi (siehe

Tafel 98) das große Dorf Ndongo (Dongo), wo sich früher auch ein Staatsposten befand, der wie mancher andere später wieder aufgegeben wurde. Die Sprache der Bewohner dieses Dorfes soll nach Angabe des Distriktskommissärs J. Sauber der der Bwaka und Mondjembo ähnlich sein. Etwas südlich von diesem Dorf befindet sich somit die Grenze zwischen diesen beiden Sudansprachen redenden Stämmen einerseits und einer Gruppe von Stämmen andererseits, welche Bantusprachen reden, die mit der Bangala-Sprache verwandt sind. Es sind dies namentlich die Lubala in der Nähe des Postens Imese, deren Sprache noch einige Anklänge an die Mondjembo-Sprache zeigt, die Tenda südlich von ihnen und noch weiter südlich die Ngiri (Giri) und Baloi. Die zu diesen Stämmen gehörigen Eingeborenen haben in der Regel keine Gesichtstätowierung, die Frauen tragen meistens Faserröckchen; ihre Hütten sind von rechteckigem Grundriß und mit einem Giebeldache versehen; die der Lubala sind zu kurzen Straßen aneinandergereiht und haben eine der Länge nach verlaufende schmale Veranda, welche dadurch gebildet wird, daß die Vorderwand der Hütte zurückgerückt ist und das Dach auf Pfählen ruht; die der Ngiri sind ähnlich gebaut, haben auch bisweilen eine Veranda, liegen aber gewöhnlich zerstreut. (Siehe Tafel 99 und 100.) Die Anwohner des unteren Ubangi sind noch sehr wild. Es ist noch nicht lange her, daß selbst die Dampfer ihren Angriffen ausgesetzt waren.

Da der Wasserstand des Flusses bereits sehr niedrig war, so fuhr unser Dampfer wiederholt auf Sandbänke auf und brauchte bis Imese, einem kleinen, von zwei Weißen besetzten Posten vier Tage, während bei Hochwasser diese Strecke in zwei Tagen zurückgelegt wird. Von Imese bis zur Mündung des Ubangi bei Irebu brauchten wir drei Tage. Die Ufer sind hier völlig flach und mit höherem Walde bewachsen, als weiter stromaufwärts.

Von Irebu brachte uns ein großer Dampfer, der so stark besetzt war, daß ich nebst drei anderen Passagieren auf Deck schlafen mußte, in vier Tagen nach Kinshasa, wo ich meine Diener entließ und die übriggebliebenen Tauschwaren verkaufte, worauf ich die Heimreise antrat. Am 10. April schiffte ich mich in Matadi auf einem belgischen Dampfer ein, und am 13. verließ dieser die Kongomündung und fuhr, der Heimat entgegen, in die offene See hinaus.

II. Abschnitt.

Land und Leute.

Lage. Klima. Bodengestalt. Gewässer. Bodenbeschaffenheit. Pflanzenwelt. Tierwelt. Bevölkerung: Körperbeschaffenheit, Körperverzierung, Kleidung, Schmuck, Wohnung, Gerätschaften, Sprache der Eingeborenen; politische Verhältnisse, Volksdichte; die Weißen und ihre Beziehungen zu den Eingeborenen.

Lage. Das im Jahre 1909 von mir bereiste Gebiet, welches den Gegenstand nachstehender Beschreibung bildet, liegt zwischen 2 und 5 Grad nördlicher Breite und zwischen 18 und 24 Grad östlicher Länge von Greenwich. Es wird von den Flüssen Kongo, Ubangi und Itimbiri eingeschlossen und bildet einen Teil der belgischen Kongokolonie, welche im Norden vom Ubangi begrenzt ist.

Klima. Mein Aufenthalt in diesem Gebiete fiel in die Monate Januar, Februar und März. Während dieser Zeit und schon vorher, von November oder Dezember angefangen, herrscht in diesen Gegenden die Trockenzeit, doch wird sie vielfach durch vereinzelte Regenfälle unterbrochen. Während meiner Reise fiel der erste Regen am 18. Januar. Weiterhin vergingen nie mehr als 8 Tage ohne Regen. Der Januar hatte 6 Tage mit Regen, der Februar 12, der März ebenfalls 12. Die Regenfälle waren gewöhnlich nur von kurzer Dauer, nur zweimal kam ein mehr als 6 Stunden anhaltender Regen vor. Sie fanden meistens während der Nacht statt und waren stets von Gewitter begleitet. Der waldige, südliche Teil des Gebietes ist regenreicher und kühler als der nördliche, größtenteils mit Grasland bedeckte; auch ist in ersterem die Trockenzeit weniger deutlich ausgeprägt. Die Morgentemperaturen (um

7 Uhr) schwankten im Waldgebiete zwischen 17 und 23⁰ C, im Savannengebiete zwischen 20 und 26⁰ C, die Mittagstemperaturen (um 2 Uhr) zwischen 25 und 34⁰ C, die Abendtemperaturen (um 9 Uhr) zwischen 19 und 26⁰ C. Der Himmel war meistens teilweise bewölkt, der Wind schwach oder ganz unmerklich; nur am Ufer des Ubangi wehte bisweilen ein stärkerer Wind. Morgennebel waren nicht häufig.

Bodengestalt. Der größte Teil des in Rede stehenden Gebietes wird von einer welligen Ebene eingenommen, welche 4—500 Meter über dem Meeresspiegel liegt. Nur im Norden, längs des Ubangi-Flusses geht sie in ein niedriges Hügelland über, welches sich 1—300 Meter hoch über die Umgebung erhebt. Am Kongo bei Upoto und am Itimbiri bei Mandungu trifft man ebenfalls niedrige, 40—100 Meter hohe Bodenerhebungen, welche aber nur vom Fluß aus als Hügel erscheinen, während sie sich gegen das Binnenland zu allmählich abflachen. Auch die Wasserscheide zwischen den Flüssen Dua und Ebola bei Mogbógoma ist etwas erhöht, und fließen die Bäche dort in einem tief eingeschnittenen Bette, während sie im übrigen Teile des bereisten Gebietes meist flache oder fast flache Ufer haben.

Gewässer. Die Flüsse, welche das in Rede stehende Gebiet bewässern, sind der Kongo mit seinen Nebenflüssen Itímbiri, Mongala und Ubangi, nebst deren Zuflüssen.

Der Itímbiri entsteht aus dem Zusammenflusse des Likati mit dem größeren Rubi und nimmt auf seinem rechten Ufer den Tschimbi- und Loeka-, auf seinem linken den Tele-Fluß auf. Er hat einen gewundenen Lauf und etwas erhöhte Ufer, bildet in seinem Oberlauf mehrere Stromschnellen und erreicht gegen seine Mündung zu eine Breite von etwas über hundert Meter. Bei niedrigem Wasserstande (von Januar bis April) kann er nur von Ruderbooten befahren werden, während er sonst auch für kleine Dampfer weit hinauf fahrbar ist. Sein Wasser hat eine helle Färbung. (Siehe Tafel 5—8.)

Der mehr als doppelt so große Mongala-Fluß entsteht aus der Vereinigung des Ebola-Flusses, welcher auch „Weißes Wasser" genannt wird, mit dem wasserreicheren Dua-Fluß oder „Schwarzem Wasser", dessen Hauptquellfluß Moturu heißt. Seine Ufer sind größtenteils flach und zur Regenzeit weithin überschwemmt. Er hat nur wenige und unbedeutende Stromschnellen und ist ebenfalls bei hohem Wasserstande für kleine Dampfer fahrbar. Seine größeren Zuflüsse sind der Likame-Fluß auf dem rechten und der Motima-Fluß auf dem linken Ufer. Wie die oben erwähnten Beinamen besagen, hat der Dua-Fluß durch faulende Pflanzenreste bräunlich gefärbtes Wasser, der Ebola-Fluß dagegen helleres, nur schwach gelblich gefärbtes. Die Bäche, die ich im Mongalabecken während der Trockenzeit kreuzte, hatten fast alle klares Wasser und sandigen Grund.

Der Ubangi wird durch die Vereinigung des Mbomu (Bomu) mit dem Wele (Uele) gebildet, welch letzterer der größere ist. Der Ubangi hat eine Breite von 1—3 Kilometer und bildet in seinem Ober- und Mittellaufe zahlreiche Stromschnellen, von welchen einige bei hohem Wasserstande für die Schiffahrt gefährlich sind. Der niedrigste Wasserstand tritt im April ein und bleibt um 6—7 Meter hinter dem höchsten zurück. Selbst um diese Zeit können kleine Dampfer, wenn auch mit Schwierigkeit, bis Libenge hinauffahren; bei Hochwasser ist auch die Strecke Mokoange-Banzyville für flachgehende Dampfer fahrbar. Das Wasser des Ubangi ist etwas gefärbt, aber nicht so dunkel, wie das des Kongo; es hatte nach meinen Messungen im Monat März eine Temperatur von 28—30º C. Die Ufer des Ubangi sind größtenteils etwas erhöht, gegen seine Mündung zu aber völlig flach und zur Regenzeit weithin überschwemmt. Er nimmt auf seinem linken Ufer den Lua- und den Ngiri-Fluß auf; seine rechtsseitigen Zuflüsse, von welchen der Koto und der Lobai die größten sind, fallen nicht mehr in unser Gebiet. (Siehe Tafel 66, 73, 86, 87, 98.)

Bodenbeschaffenheit. Der Boden des bereisten Gebietes besteht, abgesehen von den Ablagerungen der jetzigen Flüsse, größtenteils aus Sandstein und dessen teils sandigen, teils lehmigen Zersetzungserzeugnissen. Er enthält viel Eisenstein und ist wahrscheinlich aus alten Fluß- und Seeablagerungen entstanden. Nur im Norden, am Ubangi, tritt auch Urgestein zu Tage.

Pflanzenwelt. Der größte Teil des in Rede stehenden Gebietes ist von Hochwald mit dichtem Unterholze bedeckt, ähnlich dem in meinem ersten Reisewerk „Im afrikanischen Urwald" geschilderten. (Siehe Tafel 19, 24, 25, 42.) Er enthält bald mehr, bald weniger Schlinggewächse und Scitamineen-Stauden („Gewürzlilien", aus den Familien der Zingiberaceen und Marantaceen), wovon seine Gangbarkeit hauptsächlich abhängt. Blühende Gewächse findet man im Walde verhältnismäßig selten, da es dort, wenigstens nahe am Boden, an Licht und frischer Luft mangelt; doch war oft der Pfad von Blüten überstreut, die von irgend einem hohen Baume herabgefallen waren, dessen Krone man vom Weg aus nicht sehen konnte; seltener stammten sie von niedrigeren Bäumen,

Lankesteria Barteri Hook. fil.

wie die großen, scharlachroten Blüten des afrikanischen Tulpenbaumes, der Bignoniacee *Spathodea,* die man hin und wieder antrifft. Von den das Unterholz bildenden Bäumchen, Sträuchern und Schlinggewächsen sind hauptsächlich verschiedene Apocynaceen mit Milchsaft und weißen, duftenden Blüten zu erwähnen, darunter mehrere Kautschuk liefernde

Landolphia- und *Clitandra-*Arten. Die unterste Schicht des Urwaldes wird von mannigfaltigen Kräutern und Sträuchern gebildet, unter welchen die Acanthaceen am meisten hervortreten; eine der schönsten unter diesen ist die gelbblütige *Lankesteria Barteri* Hook. fil.; auch Loganiaceen aus den Gattungen *Coinochlamys* und *Mostuea* sind häufig, ebenso Moraceen aus den Gattungen *Dorstenia* und *Trymatococcus*, deren niedrige Holzstämmchen grüne, scheibenförmige Blütenstände tragen. Ein auffallendes

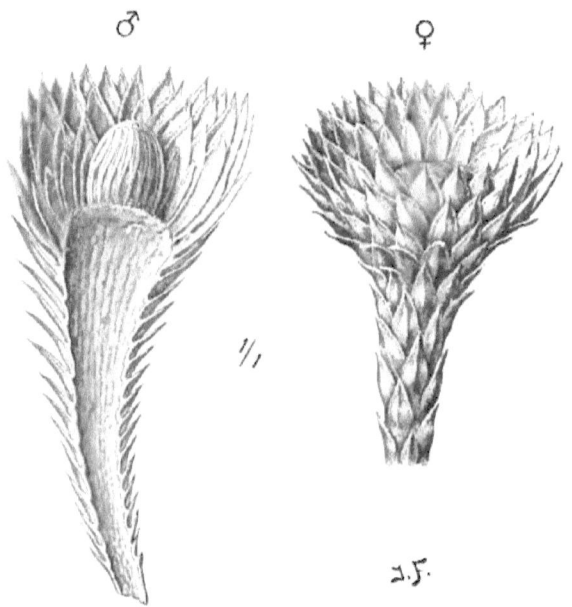

Thonningia sanguinea Vahl.

Gewächs ist die Balanophoracee *Thonningia sanguinea* Vahl, deren von weitem einer roten Rose ähnliche Blüten unmittelbar dem Erdboden aufsitzen. Die Wegränder waren oft bedeckt von einem kleinen, kriechenden Kräutlein mit rundlichen Blättern, einzelstehenden, weißen Blüten und anfangs roten, später violetten Beeren, der Rubiacee *Geophila renaris* De Wild. und Dur. An den Bächen wachsen oft massenhaft rote Balsaminen *(Impatiens)*, auch findet man dort häufig hohe Erdorchideen aus der Gattung *Lissochilus*. Auf Bäumen wachsende Orchideen waren nur spärlich vertreten und zur Zeit meiner Reise ohne Blüten. Palmen sind im südlichen Teile meines Reisegebietes hauptsächlich auf die im Walde zerstreuten Schlingpalmen und die an Flußufern wachsenden Bambupalmen *(Raphia)* beschränkt; im nördlichen Teile dagegen, namentlich in der Umgebung von Abumombazi und Libenge, sind Ölpalmen *(Elaeis*

Coffea divaricata K. Schum.

guineensis L.) reichlich vorhanden. Bei Waldrodungen pflegt man sie wegen ihres großen Nutzens für die Eingeborenen stehen zu lassen.

In der Nähe der Dörfer trifft man gewöhnlich Gebüsch an, welches meistens die Stelle ehemaliger Pflanzungen einnimmt und reich an blühenden Gewächsen zu sein pflegt, von welchen viele durch die Schönheit ihrer Blüten auffallen, so namentlich verschiedene *Mussaenda*-Arten, zum Teil mit großen, farbigen Schaublättern, *Coffea*-Arten mit weißen, duftenden Blüten, wie auch andere Rubiaceen, ferner *Combretum*-Arten mit roten Blüten und Flügelfrüchten, Melastomataceen mit meist rötlichen Blüten, verschiedene Leguminosen und Verbenaceen, darunter *Clero-*

Clerodendron splendens Don.

dendron splendens Don mit großen Ebensträußen feuerroter Blüten. Zur Zeit meiner Reise waren allerdings die Blüten der meisten Gewächse noch im Knospenzustande. Die Hauptblütezeit scheint in den Anfang der Regenzeit zu fallen.

Gegen die Grenze seines Verbreitungsbezirkes zu, geht der Urwald in niedrigen Wald und hohes Gebüsch über, welches an manchen Stellen eine Ausdehnung von 1—2 Tagreisen hat, während es sich an anderen auf einen schmalen Streifen beschränkt. Dieses Gebüsch besteht aus 3—6 Meter hohen Sträuchern, zwischen welchen niedrige Bäumchen und in großen Abständen voneinander auch einzelne hohe Bäume zerstreut stehen. An manchen Stellen wird es durch dazwischen wachsende hohe

Caloncoba Welwitschii Gilg.

krautige Scitamineen (Gewürzlilien) aus den Familien der Zingiberaceen und Marantaceen fast undurchdringlich gemacht, an anderen überwiegen die niedrigen Bäume, während die Sträucher nur das Unterholz bilden, so daß ein niedriger Wald entsteht. *Caloncoba Welwitschii* Gilg *(Oncoba Welwitschii* Oliv.), ein hoher Strauch mit großen, herzförmigen Blättern, großen, weißen, am alten Holz entspringenden Blüten und stacheligen Früchten ist eine Charakterpflanze dieses Buschlandes. (Siehe Tafel 31 und 57.)

Etwas nördlich von den Flüssen Ebola und Lua hören Wald- und Buschland auf und beginnt das Grasland, welches meistens mit mehr oder weniger weit voneinander abstehenden Sträuchern oder Bäumchen übersäet ist und längs der Flüsse und Bäche von Streifen Waldes unterbrochen wird. Das Gras erreicht eine Höhe von 2 Meter und wird während der Trockenzeit abgebrannt, worauf es alsbald von neuem austreibt. Dazwischen sprießen verschiedene Kräuter und Sträucher hervor, von welchen viele durch schöne Blüten ausgezeichnet sind, so namentlich hochstämmige, großblütige Erdorchideen aus der Gattung *Lissochilus*, Amaryllidaceen aus der Gattung *Haemanthus* mit großen Dolden roter Blüten, Melastomataceen *(Dissotis-*Arten) mit violetten Blüten und roten Früchten, Rubiaceen, namentlich die sehr häufige *Mussaenda arcuata* Poir. mit strauchigem Stamm und großen Rispen gelber Blüten u. a. Die Scrophulariacee *Striga hirsuta* Benth. *(Striga lutea* Lour.) fällt durch ihren zwerghaften Wuchs von etwa 10 Zentimeter Höhe und ihre feuerroten Blütchen auf. Sehr häufig sind Kompositen aus der Gattung *Vernonia* mit großen Ebensträußen weißer oder violetter Blüten und teils niedrigem, teils hohem, fast baumartigen Stamm. Die oben erwähnten, das Grasland durchkreuzenden Ufer- oder Talwälder werden gewöhnlich nach dem Vorgang Schweinfurths als Galeriewälder bezeichnet, doch scheint mir dieser Ausdruck in der Regel wenig passend und zu weit hergeholt zu sein. Auch nördlich von den am Kongoufer gelegenen Posten

Lissochilus purpuratus Lindl.

Dobo (Ndobo) und Bumba zieht sich ein Streifen Grasland nahe am Fluß entlang, reicht aber nicht weit ins Innere. Zwischen den Flüssen Dua und Ebola, auf dem Wege von Monveda nach Abumombazi, soll es ebenfalls einige größere Flecken Grasland geben. (Siehe Tafel 57, 64, 65.)

Die Pflanzungen der Eingeborenen bestehen größtenteils aus Ba-

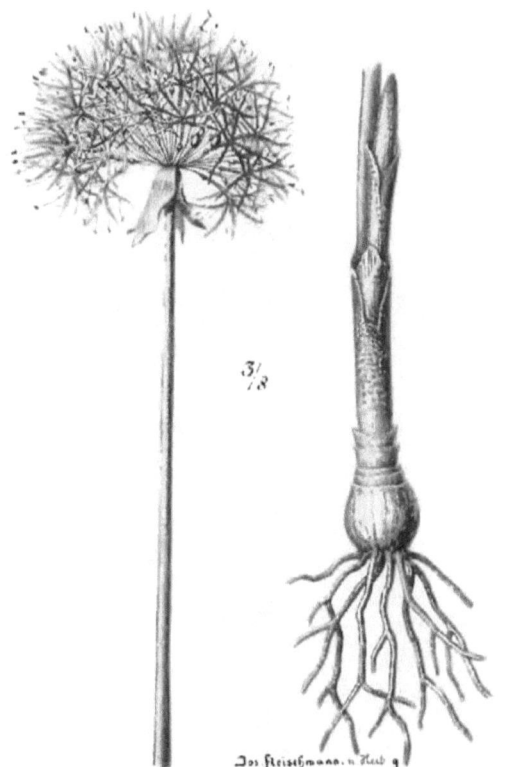

Haemanthus multiflorus Martyn.

nanen *(Musa paradisiaca* L.*)* und Maniok *(Manihot utilissima* Pohl), doch sieht man auch häufig Bataten *(Ipomoea batatas* Lam.*)*, Ignamen *(Dioscorea,* mehrere Arten*)*, Taro *(Colocasia antiquorum* Schott*)*, ,Mais *(Zea Mays* L.), Sorgo *(Andropogon Sorghum* Brot.), Zuckerrohr, *(Saccharum officinarum* L.), Sesam *(Sesamum indicum* L.), !Erdnüsse *(Ara-*

chis hypogaea L.), Gombo *(Hibiscus esculentus* L.), Tomaten *(Solanum Lycopersicum* L.), Paprika *(Capsicum*, mehrere Arten) u. a. Von den Bananen wird die großfrüchtige Abart, deren Früchte hauptsächlich in unreifem Zustande gekocht als Gemüse, seltener und nur in vollkommen reifem Zustand auch als Obst dienen, am meisten gebaut, doch trifft man

Dissotis macrocarpa Gilg.

klein- und süßfrüchtige Bananen, von welchen die Weißen mehrere Arten bauen, jetzt auch in den Pflanzungen der Eingeborenen schon häufig an. In der Umgebung von Yakoma werden deren Früchte auch geschält und halbgetrocknet auf den Märkten feilgeboten. Vom Maniok überwiegt die fruchtbarere bittere Art *(Manihot utilissima* Pohl), deren Wurzeln erst durch langes Wässern ihres Giftgehaltes beraubt werden müssen worauf sie entweder nur geschabt oder zuerst zerdrückt und dann zu rundlichen oder länglichen Klößen (Shikwange) geformt werden; doch trifft man auch die nicht oder nur sehr wenig giftige Art *(Manihot palmata* Muell. Arg.*)*, deren Wurzeln roh oder wie Kartoffeln gekocht ge-

Mussaenda arcuata Poir.

gessen werden, häufig an. Sorgo wird nur am mittleren Ubangi, in der Umgebung von Mokoange und Libenge, in größerer Menge gebaut.'

In den Pflanzungen der Weißen werden in großem Maßstab hauptsächlich Kautschukbäume gezogen, am meisten der einheimische Ire-Baum *(Funtumia elastica* Stapf, s. Tafel 9*)*, seltener die eingeführten

Arten *Hevea brasiliensis* Aubl., *Manihot Glaziovii* Muell. Arg., *Castilloa elastica* und *tunu* Cerv. und *Ficus elastica* L., auch Kautschuklianen aus den Gattungen *Landolphia* und *Clitandra*, ferner Kakao *(Theobroma Cacao* L.*)*, sowie mehrere Arten Kaffee *(Coffea)*, in kleinerer Menge verschiedene Obstbäume, namentlich Papayas *(Carica Papaya* L.*)*, Man-

Vernonia senegalensis Less.

gos *(Mangifera indica* L.*)* und Zitronen *(Citrus medica* L.*)*, wie auch Ananas, verschiedene europäische Gemüsepflanzen u. a.

Tierwelt. Von allen Tierklassen machen sich die Insekten am meisten bemerkbar. Ameisen gibt es überall in großer Menge. Im Walde laufen sie scharenweise über den Weg, im Gebüsche bedecken sie in

Massen die Zweige der Sträucher, so daß man nicht umhin kann, sie beim Durchkriechen abzustreifen, in den Wohnungen sammeln sie sich nicht nur bei den Resten von Nahrungmitteln, sondern sogar bei jedem verschütteten Wassertropfen. Termitenbauten sind überall häufig. Moskitos waren am Ubangi zahlreich, im Itimbiri- und Mongala-Gebiete dagegen nur spärlich vertreten, doch fehlten sie nirgends. Beim Lagern im Walde wurde man, so lange es Tag war, stets von großen Mengen von Bienen und kleinen, 1—2 Millimeter langen, stechenden Fliegen umschwärmt, welch letztere sogar unter den Kleidern hinaufzukriechen pflegten, um zu stechen; in den Dörfern dagegen fehlten sie. Die den kleineren Arten unserer Bremsen ähnlichen Tsetse-Fliegen *(Glossina palpalis)* sind wenigstens während der Trockenzeit nicht häufig; auch hat die Schlafkrankheit, deren hauptsächliche Verbreiter diese Fliegen sein sollen, und welche an den Ufern des Kongo viele Opfer fordert, hier nur eine beschränkte Verbreitung. Sehr zahlreich sind Schmetterlinge und Tausendfüße.

Schlangen sollen nicht selten sein, doch kam mir keine zu Gesicht. Die Gewässer und ihre Umgebung sind reich an Fischen und Wasservögeln. Von Vögeln mit schönem Gefieder bemerkte man hauptsächlich die grauen, rotschwänzigen Papageien *(Psittacus erythacus)*, welche von den Eingeborenen häufig gefangen und den Weißen angeboten werden, ferner die minder häufigen grünen Zwergpapageien mit orangefarbigem Scheitel*(Psittacula pullaria)*,die Smaragdkukuke*(Cucculus smaragdinus)*, die ganz kleinen, buntfarbigen, den Kolibris ähnlichen Honigsauger *(Cinnyris chloropygius)*, von Vögeln mit eßbarem Fleische namentlich Perlhühner, blaue Bananenfresser (Turakos) und Wildenten. Von jagdbaren Säugetieren sind kleine und mittelgroße Affen am häufigsten, auch Antilopen und Wildschweine sind nicht selten; einmal schossen meine Träger zwei kleine Antilopen während eines Nachmittags, als wir im Walde lagerten; im Graslande kommen Büffel vor. Von Elefanten waren zahlreiche Spuren an den Wasserläufen zu bemerken, doch bekam ich keines dieser Riesentiere zu Gesicht. Krokodile und Flußpferde sind in den größeren Flüssen zahlreich. Von Raubtieren sollen Leoparden und Wildkatzen häufig sein.

Die Eingeborenen ziehen in ihren Dörfern fast nur Hühner und Hunde; bisweilen sieht man bei ihnen auch Enten, Schweine, Ziegen oder

Schafe. In den Posten am Ubangi gibt es auch Rinder und Pferde, welche größtenteils aus den nördlich von diesem Flusse gelegenen Gegenden stammen.

Bevölkerung. Die Eingeborenen des bereisten Gebietes stimmen in Bezug auf ihre Körperbeschaffenheit so ziemlich überein. Sie sind meistens mittelgroß mit ziemlich langen Beinen, langköpfig und breitnasig, doch finden sich alle Übergänge zur Kurzköpfigkeit, die namentlich im Norden häufig ist, vor. Bei den Mongwandi von Mogbógoma machte ich einige Messungen. Die Körpergröße der sieben gemessenen Männer schwankte zwischen 156 und 173 Zentimeter und war im Mittel 164 Zentimeter, der Längen-Breiten-Index des Kopfes schwankte zwischen 78 und 90 und war im Mittel 82. Die Gesichtszüge der Eingeborenen sind nicht immer ausgesprochen negerartig; namentlich bei den östlichen Stämmen findet man häufig Gesichtszüge, die sich den europäischen nähern. (Siehe Tafel 16, 17, 20, 30, 38, 60, 72, 74). Die Hautfarbe ist braun in verschiedenen Abstufungen. Am häufigsten ist ein sattes bronzebraun (Nummer 29 der Luschan'schen Farbentafel), doch ist auch ein dunkleres schwarzbraun namentlich bei den am Ubangi wohnenden Stämmen häufig, bisweilen trifft man ein ziemlich helles gelb- oder rotbraun. Die Haare sind meist kurz und wollig, doch findet man, namentlich bei den Mongwandi-Sango, bisweilen auch etwas längere und weniger gekräuselte Haare. (Siehe Tafel 39 und 48.) Ein bis zu 20 Zentimeter langer Kinnbart kommt bisweilen vor. (Siehe Tafel 16, 30, 62.)

Was die Körperverzierung anbelangt, so sind Schmucknarben am Rumpfe in der Regel vom Geschmacke der einzelnen abhängig und kommen bei allen Stämmen, wenn auch nicht in gleicher Häufigkeit, vor; die Tätowierung des Gesichtes dagegen pflegt bei der Mehrzahl der Mitglieder eines und desselben Stammes übereinzustimmen, obwohl auch hier bisweilen persönliche Vorliebe mitspielt und Abänderungen verursacht. Bei einigen am Ubangi wohnenden Stämmen fehlt die Gesichtstätowierung ganz oder fast ganz, so bei den Gobu, Bwaka, Mondjembo und Lubala. Bei den übrigen Stämmen ist sie bereits geschildert worden. Am reichlichsten ist sie, abgesehen von den Bapoto am Kongoufer, bei den Ngombe im Bangala-Distrikte mit Einschluß der Budja. Dagegen haben die Ngombe im Ubangi-Distrikte nur 1—2 Reihen ganz kleiner Narben quer über die Stirne. Eine Reihe größerer Narben an derselben

Stelle haben die Mobenge. Einige große, stark vorspringende, tropfenförmige Narben in der Mittellinie der Stirne tragen die Mongwandi-Sango, eine Reihe kleinerer an derselben Stelle die Banza und Bánziri. Die Gobu durchbohren die Lippen und die Nasenscheidewand, um Pflöcke durchzustecken, die Mongwandi-Sango und einige andere Stämme die Ohrläppchen. Bei mehreren Stämmen, namentlich bei den Budja und Mobenge, werden die Schneidezähne zugespitzt.

Die Haartracht ist sehr mannigfaltig und wurde bereits mehrfach erwähnt. Bisweilen wird der Kopf ganz oder teilweise rasiert oder es wird das Kopfhaar in Wülste abgeteilt oder zu Zotten oder Hörnchen zusammengedreht, oft auch mit Perlen verziert, letzteres am meisten bei den Mongwandi-Sango, bei welchen bisweilen auch falsche Haare aus Pflanzenfasern getragen werden. (Siehe Tafel 74 und 75.)

Die Kleidung der Männer besteht in der Regel aus einem zwischen den Beinen durchgezogenen, vorn und hinten durch den Gürtel oder die Hüftschnur festgehaltenen und über dieselbe herabfallenden Stück gelbbraunen Rindenstoffes; doch wird letzterer jetzt schon häufig durch europäischen Baumwollstoff, mitunter sogar durch eine gestreifte Flanelldecke ersetzt. Viele Eingeborene tragen auch schon ein um die Mitte des Körpers geschlagenes Hüfttuch oder eine Hose, mitunter auch noch eine Jacke aus europäischem Stoffe, meistens aus dunkelblauem Indigo-Drill. Namentlich die ausgedienten und in ihre Heimat zurückgekehrten Soldaten sind es, welche solche Äußerlichkeiten der Zivilisation bis in die entlegensten Dörfer tragen.

Hie und da werden Sandalen aus Holz oder Elefantenhaut benutzt. (Siehe Tafel 20 und 39.) Die bei den Ngombe im Bangala-Distrikte häufigen Fellmützen bemerkte ich nur im Quellgebiete des Dua-Flusses; dagegen sind europäische Mützen und Hüte bei den Männern aller Stämme jetzt schon vielfach in Gebrauch.

Die Kleidung der Frauen ist eine sehr verschiedenartige; alle Abstufungen von der bloßen Hüftschnur, die wohl mehr als Schmuck denn als Kleidung zu betrachten ist, bis zu dem den ganzen Körper unterhalb der Arme einhüllenden Tuche (oder Schal) finden sich vor. Bei den Bapoto und Ngombe im Bangala-Distrikte, mit Einschluß der Budja, und bei den Bánziri am Ubangi tragen in der Regel auch die erwachsenen Frauen nur eine einfache oder doppelte, um die Hüften gebundene Schnur, welche häufig durch ein Zweiglein eines Schlinggewächses oder durch ein Elefantenhaar ersetzt ist, und an welcher bisweilen Perlen angereiht sind. (Siehe Tafel 104.) Bei den Mongwandi-Sango dagegen, mit Einschluß der Bongo und Yakoma, begnügen sich nur die noch nicht mannbaren Mädchen mit einer solchen Hüftschnur, während die erwachsenen Frauen ein Stück von einem Bananenblatte zwischen den Oberschenkeln tragen, welches vorne durch die Hüftschnur festgehalten wird, hinten aber frei endigt und oft weit hervorragt. (Siehe Tafel 40, 45, 48, 52, 72.) Die Frauen der Mobenge und Gobu tragen in der Regel ein kleines Stück Stoff oder einige Blätter vorn an der Hüftschnur. Die Frauen der Bwaka und der unter ihnen wohnenden Ngombe im Ubangi-Distrikte tragen vorn und hinten ein etwa spannlanges Schürzchen aus Pflanzenfasern (meist Palmblattfasern), welche bisweilen zu Schnüren zusammengedreht sind, die der Mondjembo und der südlich von ihnen am Unterlaufe des Ubangi wohnenden Stämme ein aus vielen Reihen solcher Fasern oder Schnüre bestehendes, 30—40 Zentimeter langes, ringsherumreichendes Röckchen, ähnlich dem bei den Bangala-Frauen am Kongoufer gebräuchlichen. (Siehe Tafel 94, 97 und 110.) Doch sieht man überall auch schon einzelne Frauen, welche ein um die Hüften geschlungenes, bis zu den Knien hinabreichendes oder ein den ganzen Körper unterhalb der Arme einhüllendes Stück Stoff tragen, wie es bei den Soldatenfrauen und Küstennegerinnen üblich ist.

Als Schmuck werden fast überall Glasperlen an Schnüren angereiht um den Hals und die Hüften, und Messingdraht um die Arme und Beine gewunden getragen. Die Frauen tragen häufig über der Hüftschnur noch eine zweite mit Glasperlen oder eisernen Anhängseln verzierte Schnur. (Siehe Tafel 86 und 102.) Häufig beladen sie ihre Unterschenkel oberhalb der Knöchel mit dicken Messingringen. Die Frauen der Mondjembo am unteren Ubangi tragen etwa 15 Zentimeter hohe, seitlich abgeflachte, in der Mitte mit einem ringsherumlaufenden Vorsprung versehene Kupferringe, welche 1—1$^1/_2$ Kilogramm wiegen, um den Hals. (Siehe Tafel 97 und 113.)

Bedeutende Unterschiede finden sich in der Dorfanlage und in der Bauart der Hütten. Bei den Mobenge und einigen anderen Stämmen liegen je 3—5 Hütten an einem kleinen, freien Platze beisammen und sind von der nächsten derartigen Häusergruppe durch einen Streifen Pflanzung oder Wildnis getrennt. Eine größere Anzahl (10—50) solcher

Häusergruppen oder Gehöfte bildet ein Dorf. Bei den Mongwandi-Sango dagegen liegen zahlreiche Hütten in 2—4 unvollständigen Reihen an einer langen Straße, und zerfällt dann das 100—300 Hütten zählende Dorf nur in einige wenige (meist 3—4) durch Pflanzungen oder Wildnis voneinander getrennte große Abschnitte. Es dürfte dies wohl damit zusammenhängen, daß bei den Mongwandi-Sango jeder Mann gewöhnlich nur eine Frau und deshalb auch nur eine Hütte besitzt, während es sonst die Regel ist, daß wenigstens die reicheren Leute mehrere Frauen und für jede eine besondere Hütte haben. Bei den Bwaka und einigen Stämmen am unteren Ubangi bestehen die Dörfer gewöhnlich aus mehreren kurzen Straßen, welche durch der Länge nach aneinandergereihte Hütten gebildet werden. Alle an meinem Reisewege gelegenen Dörfer waren ohne Befestigung, während die auf meiner ersten Reise von mir besuchten Dörfer der Ngombe und Banza im Bangala-Distrikt in der Regel mit einem Pfahlzaun und häufig auch noch mit einem Graben umgeben waren.

Die Hütten der Eingeborenen sind teils von rechteckigem, teils von kreisrundem Grundriß. Erstere haben meistens ein Giebeldach (mit zwei Dachflächen), seltener ein Walmdach (mit vier Flächen). Manche sind an den Ecken abgerundet, wodurch ein länglich-runder (fast elliptischer) Grundriß entsteht; solche Hütten kommen gewöhnlich neben Hütten mit kreisrundem Grundrisse vor. Letztere haben teils ein kegelförmiges, teils ein halbkugeliges (kuppelförmiges) Dach. Rechteckige Hütten bauen die mit den Bangala verwandten Stämme am Kongo und unteren Ubangi, sämtliche Ngombe mit Einschluß der Budja, ferner die Bwaka und Mondjembo am mittleren Ubangi. Rundhütten mit hohem, kegelförmigen Dache bauen die Mobenge und die Mongwandi-Sango im Osten unseres Gebietes, solche mit halbkugeligem die Banziri, Banza und Gobu am oberen Ubangi. Bei letzterem Stamme gibt es aber auch Hütten mit verkürzt-kegelförmigem Dache.

Der Fußboden der Hütten liegt meistens in gleicher Höhe mit dem Erdboden der Umgebung oder ist nur wenig erhöht, in den Banziri-Hütten ist er sogar etwas vertieft. Einen hohen Lehmunterbau, wie ihn die Hütten der Maginza (Elombo) zwischen Gali und Monveda haben, fand ich nirgends vor. Die Wände der Hütten sind bei den östlichen Stämmen (Budja, Mobenge, Mongwandi, Bongo) meist aus Lehm, bei den westlichen aus Rinde, Laub, Gras oder Palmblattrippen hergestellt. Sie sind bisweilen mit Zeichnungen in weißer Farbe verziert, welche hauptsächlich Menschen und Tiere nach Art unserer Kinderzeichnungen darstellen. Ich sah solche Zeichnungen bei den Budja, Mobenge, Mongwandi und Sango. (Siehe Tafel 15 und 35.) Bei den Budja findet man auch mehrfarbige Linienornamente (Siehe Tafel 21.) Das Dach wird je nach der in der Umgebung des betreffenden Dorfes vorherrschenden Pflanzenformation mit Blättern von Gräsern, Palmen, Scitamineen oder Laubbäumen, seltener mit gespaltenen Palmblattrippen gedeckt.

Außer den ringsum geschlossenen, gewöhnlich nur mit einer Tür als einzigen Öffnung versehenen Wohnhütten, findet man in den Dörfern der Eingeborenen aller Stämme zahlreiche ringsum offene Hallen, welche ungefähr dieselbe Größe wie jene haben und nur aus einem auf Pfählen ruhenden, sattelförmigen, kegelförmigen oder flachen Schutzdache bestehen, unter dem sich die Eingeborenen bei Tag mit Vorliebe aufhalten, wie die Weißen auf der Veranda ihrer Häuser. Neuerdings bauen viele Häuptlinge und auch andere Eingeborene fast quadratische, mit einem Walmdach und einer ringsherumlaufenden Veranda versehene Lehmhütten, in Nachahmung der von den Weißen für ihre Arbeiter und Soldaten errichteten Hütten. (Siehe Tafel 59 und 62.)

Vor den Hütten oder inmitten der Dorfstraße, und dann gewöhnlich von einer Strauch- oder Bananengruppe beschattet, findet man bei allen Stämmen kleine oder winzige, für die Geister der Verstorbenen oder andere Geister errichteten Hüttchen, in oder neben welchen Stofffetzen, Topfscherben, Knochen u. dgl., vermutlich Überreste von Weihgeschenken oder Opfern, liegen. Dagegen sah ich nirgends aus Holz geschnitzte Menschenfiguren darin, wie ich sie auf meiner ersten Reise im südlichen Banza-Lande fand. Bisweilen sind die oben erwähnten Pflanzengruppen nur von einer Einzäunung ohne Dach umgeben. Auch trifft man in den Dorfstraßen Fetische, welche nur aus einigen im Boden befestigten, bisweilen zusammengebundenen, oft weiß und schwarz gestreiften Stäben bestehen. Das Wort Fetisch ist hier in erweitertem Sinne gebraucht, so daß es sich auf jeden Gegenstand bezieht, dem übernatürliche Eigenschaften oder Wirkungen zugeschrieben werden, wobei aber die Eingeborenen in der Regel nicht den Gegenstand selbst, sondern den zur Zeit darin wohnenden Geist als Ursache dieser Wirkungen betrachten.

Es ist möglich, daß manche dieser Fetischstellen, die man mit den Altären oder Kapellen anderer Völker vergleichen könnte, zugleich Gräber sind; doch pflegen die Eingeborenen dies abzuleugnen. (Siehe Tafel 54, 60, 61, 78, 85.)

Gerätschaften und Waffen sind im ganzen von mir bereisten Gebiet einander ähnlich, doch gibt es einige Besonderheiten, die auf einen kleineren Bezirk beschränkt sind, so die eigentümlichen, hölzernen Nackenstützen der Bwaka und Mondjembo, die sich wie eine Schachtel aufmachen lassen. (Siehe Tafel 112.) Überall findet man niedrige, an beiden Enden hinaufgebogene Betten aus Palmblattrippen, welche bei den Bwaka und ihren Nachbarn mit einer Nackenstütze versehen sind und in verkleinerter Form auch als Schemel dienen, ferner runde, hölzerne, häufig mit Messingnägeln beschlagene Schemel, aus mehreren spreizenden Ästen gebildete Rückenstützen, flache Holzschüsseln, trogförmige Körbe, halbkugelige, außen gemusterte Tontöpfe, welche beim Kochen auf drei Steine oder Lehmklumpen gestellt werden, aus einem Baumstamm ausgehöhlte, meist mit einem flachen Schnabel versehene Boote u. a. (Siehe namentlich Tafel 8, 51, 69, 84, 112, 114.)

Bei den Messern gibt es einige auf ein kleineres Gebiet beschränkte Formen. Mehrzackige Wurfmesser sind überall in Gebrauch, Pfeil und Bogen mehr bei den nördlichen Stämmen. Die Pfeile sind bisweilen ganz aus Holz oder Palmrohr und gegen die Spitze zu mit Auszahnungen versehen, häufiger aber sind die Spitze und die unterhalb derselben angebrachten Widerhaken aus Eisen. Die Speere haben meist ein langes eisernes Blatt und einen schön geschnitzten, mit Draht umwundenen hölzernen Schaft; doch gibt es auch Speere oder Harpunen mit kleinem, Widerhaken tragenden Eisen. Die Prunkspeere der Häuptlinge sind bisweilen ganz aus Eisen oder Messing hergestellt. Die Schilde sind überall aus Palmrohr geflochten, innen mit einer hölzernen Handhabe versehen und mit Fellen und Schnüren verziert, doch sind sie von verschiedener Größe. (Siehe Tafel 101—113.)

Von Musikinstrumenten sieht man am meisten die großen, aus ausgehöhlten Baumstämmen hergestellten Trommeln. Im Osten ist eine Laute (ein musikalischer Bogen) mit zwei Saiten aus Palmbast und einer Kürbishälfte als Schallboden weit verbreitet. (Siehe Tafel 22 und 101.) Einen großen Verbreitungsbezirk hat auch ein Spielbrett, welches an seiner Oberfläche mehrere Reihen von Gruben trägt, in welche Steinchen oder Samen geworfen werden.

Die wichtigsten Unterschiede zwischen den Stämmen der Eingeborenen sind durch deren Sprache gegeben. In dieser Hinsicht scheiden sie sich zunächst in zwei Hauptabteilungen, indem die den südlichen Teil unseres Gebietes bewohnenden Stämme Bantu-Sprachen reden, während die Sprachen der Eingeborenen, welche den nördlichen Teil des Gebietes bewohnen, nicht mehr zu diesem Sprachstamme gehören, obwohl sie noch einige Beziehungen zu demselben erkennen lassen.

Die Hauptkennzeichen der Bantu-Sprachen sind bekanntlich die Verwendung von Vorsilben (Präfixen) zum Ausdruck der wichtigsten grammatischen Beziehungen und die Übereinstimmung dieser Vorsilben bei den verschiedenen Redeteilen. Außer an der Form der Zahlwörter erkennt man eine Bantu-Sprache am schnellsten an der Bildung der Mehrzahl der Hauptwörter, indem diese in den Bantu-Sprachen bei den meisten Wortklassen eine andere Vorsilbe hat als die Einzahl, während in den Sprachen der nördlichen Hauptabteilung, den sudanesischen, die Mehrzahl meistens mit der Einzahl gleichlautet. Doch scheinen auch in diesen Sprachen noch einige wenige Vorsilben im Gebrauch zu sein, namentlich a- (oder ba-) und mo- für Personen- und Ortsbezeichnungen. Es ist aber nicht so leicht, diese Unterschiede zu erkennen, als man glauben sollte, da die Eingeborenen die Vorsilben gewöhnlich undeutlich aussprechen oder ganz verschlucken.

Die Grenze zwischen dem Gebiete der Bantu- und der Sudan-Sprachen verläuft zwischen dem zweiten und vierten Grad nördlicher Breite und wird ungefähr durch die Flüsse Lua, Dua und Rubi gebildet; doch reichen die zu den Bantu-Sprachen gehörigen Ngombe- und Ababua-Sprachen stellenweise bis an den Ubangi-Uele. Es scheint, daß auch der nördliche Teil unseres Gebietes früher von Bantu-Negern, namentlich Ngombe und Ababua bewohnt war, und daß erst später die Sudan-Neger, von den Mohammedanern im Norden bedrängt, sich zwischen sie eingeschoben haben. Es zeigen sich Einwirkungen der Bantu auf die jetzigen Bewohner dieser Gegenden sowohl in der Sprache, namentlich in den Ortsnamen, wie auch in der Tätowierung und im Hüttenbau.

Die Bantu-Sprachen redenden Stämme zerfallen der Sprache nach in drei Gruppen, die man auch Völkerschaften nennen könnte, nämlich die der Bangala, der Ngombe und der Ababua, von welchen die beiden ersten untereinander näher verwandt sind, als mit der dritten.

1. Die Bangala-Gruppe. Zu dieser gehören die am Kongoufer wohnenden Babangi, Bangala und Bapoto, sowie die am Unterlaufe des Ubangi fast bis zur Einmündung des Lua-Flusses wohnenden Baloi, Ngiri, Tenda und Lubala. Die südlich vom mittleren Kongo wohnenden Balolo (Mongo) gehören ebenfalls hierher.

2. Die Ngombe-Gruppe. Zu dieser gehören die Bwela, Maginza (Elombo) und Budja zwischen Kongo und Dua, die Mabali (Mobali) an der Dua und die südlich vom oberen Ubangi zwischen 3 und 4 Grad nördlicher Breite wohnenden Ngombe (Gombe), außerdem wahrscheinlich auch noch die südlich vom mittleren Kongo wohnenden Ngombe, die ich aber aus eigener Anschauung nicht kenne. Der Ausdruck Ngombe soll zwar bei den Bangala und den mit ihnen verwandten Stämmen eine Bezeichnung für alle Bewohner des Binnenlandes im Gegensatze zu den Flußanwohnern sein, also auch für solche, welche zum Bangala-Stamme selbst gehören; doch ist dies kein Hindernis, daß man mit diesem Namen, wie es am Kongo und Ubangi fast allgemein üblich ist, den großen Stammesverband bezeichne, der sich vom Ruki bis zum oberen Ubangi erstreckt und viele übereinstimmende Merkmale, namentlich eine einheitliche, wenngleich in mehrere Mundarten gespaltene Sprache aufweist. Auch bauen alle Ngombe rechteckige Hütten; doch gibt es dabei kleine Verschiedenheiten; so haben nur die Maginza Hütten mit einem hohen Lehmunterbau, während die Mabali zur Zeit meiner ersten Reise noch in Pfahlbauten lebten; sie sollen aber inzwischen auf Veranlassung der Weißen diese Bauart aufgegeben und ihre Dörfer etwas landeinwärts verlegt haben. Übrigens wird der Name Mabali im Mongala-Gebiete häufig auf alle Flußanwohner im Gegensatze zu den Bewohnern des Binnenlandes ausgedehnt, bildet also ein Gegenstück zu dem Namen Ngombe. Am oberen Ubangi sollen die Ausdrücke Wate und Wagigi denselben Gegensatz bezeichnen; sie werden aber nicht zugleich als Stammesnamen verwendet. In Bezug auf Tätowierung und Kleidung haben sich die im Ubangi-Distrikte wohnenden Ngombe mehr ihren Bwaka-Nachbarn genähert, in ihrer Sprache dagegen stimmen sie fast völlig mit ihren im Bangala-Distrikt ansässigen Stammesgenossen überein.

3. Die Ababua-Gruppe. Zu dieser gehören außer den eigentlichen

Ababua (Babwa) und einigen anderen, wie diese außerhalb der Grenzen unseres Gebietes wohnenden Stämmen (oder Unterstämmen), in den von mir besuchten Gegenden nur die Bewohner der Umgebung von Mobwasa, welche nach Aussage der dortigen Weißen zum Stamm der Mobenge gehören, dessen Hauptwohnsitze weiter nördlich liegen, wo auch der Name Mobati für ihn üblich ist. Die Weißen im Posten Mombongo dagegen bezeichneten die in der erwähnten Gegend und nördlich davon wohnenden Leute als Likwángula, über welchen Stamm ich aber nichts näheres in Erfahrung bringen konnte. Aus dem Munde der Eingeborenen des Landes hörte ich den Namen Mobige, doch weiß ich nicht bestimmt, ob sie mir damit ihren Stammesnamen angeben wollten. Meistens erhält man von den Eingeborenen auf die Frage nach ihrem Stammesnamen keine Auskunft und ist daher genötigt auf die Angaben der in der Nähe wohnenden Weißen sich zu verlassen. Eine Ausnahme machen einige große Stämme, wie die Budja und Mongwandi, deren Mitglieder in der Regel ihren Stammesnamen kennen. Auch im Dorfe Mongende, nördlich vom Posten Dundusana, erhielt ich beim Abfragen Worte, welche größtenteils mit denen der Ababua- und Mobenge-Sprache übereinstimmten, und die man mir als der Sprache des Dundusana-Stammes angehörig bezeichnete. Wahrscheinlich bilden diese drei Stämme (Mobenge, Likwángula und Dundusana), welche früher weiter im Nordosten gegen den Uele-Fluß zu gewohnt haben sollen, nur Unterabteilungen eines und desselben Stammes; jedenfalls ist ihre Sprache mit der der Ababua nahe verwandt.*)

Die nicht zu den Bantu gehörigen (sudanesischen) Stämme unseres Gebietes zerfallen der Sprache nach, soweit man dies nach dem bis jetzt vorliegenden, spärlichen Material beurteilen kann, in fünf Gruppen. Es sind dies die folgenden:

1. Die Mandjia-Gruppe. Die hierhergehörigen Sprachen, namentlich die der Mandjia und Baya, sind nördlich vom Ubangi, wie auch im Sanga-Gebiete weit verbreitet.**) Innerhalb des von mir bereisten Ge-

---

*) Nach A. de Calonne-Beaufaict (Les Ababua; Brüssel, A. Dewit, 1909) gehören die Bewohner der Umgebung von Mobwasa zu den Mobati, unter welchem Namen er die westlichen Stämme des Ababua-Volkes zusammenfaßt, während er die am Uele wohnenden Mobenge als eine eigene, obgleich sprachlich den Ababua sehr nahe stehende Völkerschaft betrachtet.

**) Vgl. F. J. Clozel, Les Bayas (Paris, J. André, 1896).

bietes fand ich eine zu dieser Gruppe gehörige Sprache nur in einem einzigen, am mittleren Ubangi unterhalb Zongo gelegenen Dorfe, namens Bómbula. Man hatte mir gesagt, daß die betreffende Gegend von Bwaka bewohnt sei, auch bemerkte ich in dem Dorfe keinerlei Besonderheiten gegenüber den umliegenden Bwaka-Dörfern. Erst nachträglich fiel mir auf, daß die dort erfragten Worte von denen der Bwaka-Sprache gänzlich verschieden, dagegen denen der Mandjia- und Baya-Sprache auffallend ähnlich waren. Auf den Karten ist in dieser Gegend der Stammesname Bonduru angegeben. Es dürfte sich somit wahrscheinlich um Mitglieder dieses Stammes handeln, doch wäre es auch möglich, daß die Bewohner von Bómbula erst in letzterer Zeit vom rechten Ufer des Ubangi her eingewandert sind, da solche Wanderungen von einem Ufer des Ubangi zum anderen hin und wieder vorkommen.

2. Die Bwaka-Gruppe. Zu dieser gehören die Bwaka, Mondjembo (Monsombo) und Bánziri (Bwándjiri) im Gebiete des mittleren Ubangi. Die Bwaka sind ein großer Stamm, welcher sich weit landeinwärts erstreckt und dem Einflusse der Weißen noch nicht völlig unterworfen ist. Die Mondjembo, zu welchen auch die von englischen Schriftstellern erwähnten Mpombo, sowie die Bewohner des großen Dorfes Ndongo (Dongo) am unteren Ubangi zu gehören scheinen, wohnen südlich von den Bwaka bis über den Lua-Fluß hinaus und sind denselben nicht nur in sprachlicher, sondern auch in jeder anderen Hinsicht sehr ähnlich. Dagegen unterscheiden sich die flußaufwärts von den Bwaka wohnenden Bánziri von ihnen durch die Bauart ihrer Hütten (Rundhütten), die spärlichere Bekleidung der Frauen (meist bloße Hüftschnur), in der Regel auch durch ihre Gesichtstätowierung, und nähern sich in diesen Beziehungen den sprachlich zur dritten Gruppe gehörigen Banza. Der von französischen Reisenden oft gebrauchte Name Bondjo ist kein Stammesname und scheint sich hauptsächlich auf Eingeborene aus den Stämmen der Mondjembo und Bwaka zu beziehen.

3. Die Banda-Gruppe. Zu dieser gehören innerhalb unseres Gebietes nur die Banza und Gobu (Ngobu), außerhalb desselben der große, nördlich vom Ubangi weit verbreitete Banda-Stamm.[*] Alle drei Stämme bauen Rundhütten mit halbkugeligem Dache. Die Gobu bewohnen nur

---

[*] Vgl. G. Toqué, Essai sur le peuple et la langue Banda (Paris, J. André, 1904).

ein beschränktes Gebiet östlich vom Posten Mokoange, die Wohnsitze der Banza dagegen erstrecken sich von 2 Grad nördlicher Breite im Süden bis nahe an den oberen und mittleren Ubangi. Während sie von den meisten Reisenden als schöner und tüchtiger Menschenschlag gepriesen werden, sind andere gerade der entgegengesetzten Ansicht. Auch mir wurde berichtet, daß sie südlich von Mokoange oft in einem Abhängigkeitsverhältnisse zu den Bwaka stehen. Es dürfte dies wohl nur dort der Fall sein, wo sie in geringer Zahl auftreten.

4. Die Sango-Gruppe. Zu dieser gehören die Sango und Yakoma am oberen Ubangi, die Bongo südlich von ihnen und die Mongwandi im nördlichen Teile des Mongala-Beckens, wo sie nach Süden zu bis über den Dua-Fluß hinausreichen. Die Ausdrücke Sango und Yakoma sind hier in erweitertem Sinne gebraucht, da sie sich ursprünglich nur auf kleine Unterstämme beziehen. Die Sango-Sprache dient am Ubangi vielfach als Verständigungsmittel zwischen Weißen und Schwarzen, wie auch zwischen den Eingeborenen verschiedener Stämme, weshalb ich die ganze Gruppe nach ihr benenne. Die zu dieser Gruppe gehörigen Stämme stehen einander nicht nur in sprachlicher Hinsicht sehr nahe, sondern auch in jeder anderen, namentlich in der Tätowierung und der Bauart der Hütten (Rundhütten mit lang-kegelförmigem Dache). Die hierhergehörige Bongo-Sprache ist mit der gleichnamigen Sprache im Nilgebiete nicht verwandt.

5. Die Mondunga in der Nähe des Postens Gali (Ngali), welcher eine starke Tagereise nördlich von den am Kongoufer gelegenen Orten Lisala und Bopoto (Upoto) sich befindet. Ihre Sprache weist einige Beziehungen zu der in der Nähe von Stanleyville geredeten Bamanga-Sprache auf. Im übrigen gleichen sie den umwohnenden Maginza (Elombo), einem Unterstamme der zu den Bantu gehörigen Ngombe. Die Mondunga-Sprache wurde von mir auf meiner ersten Kongoreise im Jahre 1896 entdeckt und in meinem zwei Jahre später erschienenen Reisewerk „Im afrikanischen Urwald" beschrieben. Es ist also ein Irrtum, wenn Sir Harry Johnston in seinem höchst verdienstvollen, auch in linguistischer Hinsicht sehr reichhaltigen Werke „George Grenfell and the Congo" (London, Hutchinson & Co., 1908) die Entdeckung dieser Sprache, die er Ndonga nennt, dem Rev. William Forfeitt zuschreibt und sie in das Jahr 1906 verlegt. Nach meinen Erkundigungen beschränkt sie sich auf einige Dörfer in der Umgebung des Postens Gali. Am Itimbiri-Flusse,

wo sie nach H. Johnston vorkommen soll, habe ich sie nicht angetroffen. In dem von mir besuchten Dorfe Mondunga auf der Wasserscheide zwischen Itimbiri und Dua ist die Budja-Sprache in Gebrauch, welche zu den Bantusprachen gehört. Übrigens kommt der Dorfname Mondunga oder Ndonga in dem zwischen dem Kongo und dem Ubangi gelegenen Gebiete bei verschiedenen Stämmen wiederholt vor.

Als sechste Gruppe könnte man noch die der Azande (Niamniam) hinzufügen, deren Verbreitungsbezirk unser Gebiet im Osten streift. Ihre Sprache hat mit denen der übrigen fünf Gruppen keine Ähnlichkeit, abgesehen von einigen wenigen Wörtern, die auf Entlehnung zurückzuführen sein dürften. Ebenso ist die Sprache der ersten (Mandjia-) Gruppe von den übrigen Sprachen unseres Gebietes gänzlich verschieden, während letztere, oder wenigstens die der Gruppen 2—4, die man die Ubangi-Sprachen nennen könnte, gewisse Beziehungen zueinander erkennen lassen, am meisten die der zweiten (Bwaka-Gruppe) zu denen der dritten (Banda-Gruppe), welche zwei Gruppen man vielleicht in eine zusammenziehen könnte. Die Sprachen der Gruppen 2—5 zeigen aber auch, wie schon H. Johnston bemerkte, einige Übereinstimmung mit der der Mundu, eines viel weiter östlich, an der Grenze des Bahr-el-Ghasal-Gebietes wohnenden Stammes; am meisten gilt dies von der Bwaka-Sprache.

Die Weißen bedienen sich im Verkehre mit den Eingeborenen meistens der Bangala-Sprache, deren Grammatik man zu diesem Zwecke wesentlich vereinfacht hat. Die Übereinstimmung der Vorsilben in den verschiedenen Redeteilen, welche die Bantusprachen kennzeichnet, hat man ganz fallen gelassen und die zahlreichen Formen des Zeitwortes auf zwei oder drei beschränkt.*) Diese so verstümmelte Sprache ist zwar für die Zwecke des täglichen Verkehrs ausreichend und hat den Vorzug, leicht erlernbar zu sein, doch genügt sie nicht zum Ausdruck feinerer Unterscheidungen, weshalb die Missionäre bestrebt sind, die ursprüngliche Sprache festzuhalten.**) Am Ubangi dient auch die Sango-Sprache

---

*) Vgl. W. Stapleton, Suggestions to a grammar of Bangala (Yakusu, 1903) und A. Courboin, Bangala (Paris, A. Challamel, 1908).

**) Vgl. P. Cambier, Essai sur la langue congolaise (Bruxelles, Polleunis & Ceuterick, 1891) und P. De Boeck, Grammaire et vocabulaire du Lingala (Bruxelles, Polleunis & Ceuterick, 1904).

häufig als Verständigungsmittel zwischen den Weißen und den Eingeborenen verschiedener Stämme.

Die Stämme der Eingeborenen bilden keine politischen Einheiten. Ein jedes Dorf ist von dem anderen unabhängig und hat seinen eigenen Häuptling, dessen Macht aber sehr beschränkt ist.

Längs meines Reiseweges vom Itimbiri zum Uele liegen die Dörfer meist in Gruppen beisammen, welche ein bis zwei Tagereisen weit voneinander entfernt sind. Die Bevölkerungsdichtigkeit in diesen Gegenden ist daher sehr gering und beträgt kaum zwei Menschen auf einem Quadratkilometer. Namentlich das zwischen den Flüssen Dua und Ebola gelegene Gebiet ist sehr dünn bevölkert. Dagegen gibt es in der Nähe der Ubangi- und Kongoufer auch viel dichter besiedelte Gebiete. Die Volksdichte im ganzen Mongalabecken dürfte 4—5 Menschen auf einem Quadratkilometer betragen.

Die Niederlassungen der Weißen, Posten genannt, liegen ebenfalls in großer Entfernung von einander. Abgesehen von einigen am Kongoufer gelegenen Handels- und Missionsstationen gehören sie alle dem Staate. Im Budja-Lande lagen sie wohl früher dichter beisammen, doch wurden in letzterer Zeit mehrere davon aufgelassen, da keine so rege Tätigkeit im Einsammeln des Kautschuks mehr herrscht wie früher, nachdem der Ertag der Lianen bedeutend nachgelassen hat und man von den Eingeborenen keine so großen Kautschuklieferungen mehr verlangt wie vordem.

Die Posten des Binnenlandes sind in der Regel von zwei bis drei Weißen besetzt und bestehen gewöhnlich aus einigen an einem großen Platze gelegenen Wohnhäusern und Magazinen, nebst einigen Hütten für die schwarzen Soldaten. Sie sind meistens von einem hohen Pfahlzaun umgeben; außerhalb desselben befinden sich gewöhnlich noch Hütten für die ständigen Arbeiter. Die Wohnhäuser der Weißen sind aus Lehm oder Ziegeln gebaut, etwas über den umliegenden Erdboden erhöht und in der Regel mit einem mit Palmblättern gedeckten Dache versehen, welches kühler hält, als die namentlich in den französischen Besitzungen bevorzugten Wellblechdächer. Sie enthalten gewöhnlich zwei Zimmer, welche durch einen nach vorne offenen Raum („Barza") von einander getrennt sind und hinter welchen sich meist noch zwei Magazinsräume befinden. Ringsherum läuft eine breite Veranda. (Siehe Erläuterung zu Tafel 23.)

Die Hütten der Arbeiter sind meistens aus Lehm gebaut und ebenfalls mit einer ringsherumlaufenden Veranda versehen.

Wie die Wohnung, so ist auch die Beköstigung der Weißen jetzt eine bessere als früher. Zweimal im Jahre erhalten sie Lebensmittel aus Europa. In den Posten werden gewöhnlich Hühner, Ziegen und Schafe, bisweilen auch Rinder gehalten; ferner werden dort europäische Gemüse und tropische Fruchtbäume, oft auch einheimische Nährpflanzen gebaut. Einmal wöchentlich bringen die Eingeborenen der Umgebung, meist die Frauen, die für die Arbeiter und Soldaten nötigen Nahrungsmittel, namentlich Bananen und Maniok, wofür sie einen festgesetzten Preis, gewöhnlich in Salz, erhalten.

Während einem Teile der Eingeborenen die Lieferung dieser Nahrungsmittel obliegt, hat ein anderer, meist ein bestimmtes Dorf, Trägerdienste, seltener andere Arbeiten zu verrichten, ein dritter verschiedene Landeserzeugnisse, hauptsächlich Kautschuk zu sammeln. Für diese Steuerleistungen, bei deren Bemessung eine Arbeitszeit von vier Tagen monatlich zu Grunde gelegt wird, erhalten die Eingeborenen eine Entschädigung, welche aber in der Regel hinter dem Werte des geleisteten zurückbleibt.

Die Menge des von den Eingeborenen zu liefernden Kautschuks wurde in letzterer Zeit bedeutend herabgesetzt. Während früher drei bis fünf Kilogramm monatlich verlangt wurden, begnügt man sich jetzt gewöhnlich mit einem Kilogramm im Monat. Allerdings müssen die Kautschuksammler jetzt viel weiter gehen und länger suchen als früher, um die gleiche Menge dieses vielbegehrten Rohstoffes aufzubringen, da die meisten Kautschuklianen infolge des An- oder Abschneidens entweder zugrunde gegangen sind oder doch viele Jahre lang keinen Ertrag liefern. Die Kautschukausbeute ist infolge dieser Umstände in manchen Gegenden unter den zehnten Teil ihres früheren Betrages gesunken. Zwar hat man in der Umgebung der Posten ausgedehnte Pflanzungen von Kautschukbäumen angelegt, doch liefern dielben vorläufig noch keinen Ertrag.

Die Träger erhalten täglich 20—30 centimes in Stoffen, wovon sie sich auch zu beköstigen haben; bisweilen bekamen sie außerdem vor dem Abmarsche Nahrungsmittel (Bananen oder Maniokbrod), auch pflegte ich ihnen welche in den Dörfern, wo wir übernachteten, zu kaufen. Sie begleiteten mich stets bis zum nächsten Posten, so daß ich nicht genötigt war, sie in jedem Dorfe zu wechseln, wie es auf meiner ersten Reise der Fall gewesen war. Sie tragen die leichteren Lasten (bis 25 Kilogramm) auf dem Rücken mittelst eines über die Stirne verlaufenden Baststreifens, die schwereren an einer Stange zu zweien, und rasten etwa alle zwei Stunden eine Viertelstunde lang, mitunter auch öfter. Je 20—30 Träger haben zusammen einen Anführer (capita).

Als Zahlungsmittel werden jetzt hauptsächlich Stoffe, namentlich Indigo-Drill und Salz verwendet. Eine Klafter oder Doppelelle (180 cm) Indigo-Drill, meist nach der Klafterweite der Arme gemessen, hat, ihren Anschaffungs- und Transportkosten entsprechend, in meinem Reisegebiet einen Wert von 1 franc 80 centimes; dafür erhält man ein oder zwei Hühner, welche neben Bananen, Maniok und Bataten oder Ignamen, die man mit Salz bezahlt, das Hauptnahrungsmittel des Reisenden bilden. Das Salz wird entweder in Täfelchen abgeteilt oder lose in Säcken mitgeführt und in letzterem Falle mit einem Löffel abgemessen; ein Kilogramm wird bei Zahlungen mit 2 francs berechnet, obwohl es nicht so hoch zu stehen kommt. Draht und Kaurimuscheln sind nicht mehr beliebt; dagegen werden Perlen, namentlich die kleinen roten (cornioles), hie und da noch gerne genommen. Die Staatsmagazine führen außerdem verschiedene andere Gegenstände, welche die Eingeborenen auf Wunsch in Zahlung erhalten oder gegen Stoffe oder Draht eintauschen können; doch kann ein Reisender in diesen Gegenden gegenwärtig mit Indigo-Drill und Salz allein auskommen. Am unteren Kongo bis Kinshasa wird mit gemünztem Gelde bezahlt, ebenso in den französischen Besitzungen; von dorther hat es auch auf dem belgischen Ufer des Ubangi Eingang gefunden, wo es die Eingeborenen häufig den Tauschwaren vorziehen.

Was die Beziehungen zwischen den Weißen und den Eingeborenen im allgemeinen anbelangt, so hat sich der Einfluß der ersteren seit meiner ersten Reise sowohl bedeutend ausgebreitet, als auch wesentlich befestigt. Die Mehrzahl der Eingeborenen scheint sich mit der anfangs meist ungern gesehenen Anwesenheit der Weißen in ihrem Lande und den dadurch hervorgerufenen Veränderungen ausgesöhnt zu haben, umsomehr als manche derselben auch für sie von Vorteil sind. Die Steuerleistungen, die man nicht umhin konnte ihnen aufzubürden, werden nicht mehr so drückend empfunden, seitdem man die zu liefernde Kautschukmenge, wie bereits erwähnt, herabgesetzt hat. Es kommt wohl noch öfters vor, daß die Eingeborenen ihre Dörfer aus der Nähe der Posten hinwegverlegen, um sich der Besteuerung leichter entziehen zu können oder um Streitigkeiten mit den Leuten der Weißen zu vermeiden; doch tun sie dies auch oft aus anderen Gründen, namentlich wegen wiederholter Krankheitsfälle oder wegen Erschöpfung des Bodens in den Pflanzungen. Während meiner ersten Kongoreise im Jahre 1896 pflegten die Eingeborenen vor meiner Ankunft ihre Dörfer zu verlassen, um sich im Walde zu verbergen. Auf meiner letzten Reise kam dies nirgends mehr vor; sie waren diesmal eher zudringlich, doch bemühten sich die Häuptlinge stets Ordnung zu halten. Vereinzelte Ausbrüche von Wildheit, wie Ermordung von Weißen, Menschenfresserei u. dgl. kommen wohl von Zeit zu Zeit immer noch vor. Häufig werden die Eingeborenen von ihren Zauberern (Fetischpriestern) aufgereizt, welche ihren Einfluß durch das Vorgehen der Weißen geschmälert sehen, da diese verschiedene barbarische Gebräuche, bei welchen die Zauberer eine hervorragende Rolle zu spielen pflegten — so namentlich die Giftprobe zum Beweise von Schuld oder Unschuld und die Menschenopfer bei Begräbnissen — abzuschaffen trachten und bei Streitigkeiten häufig selbst das Schiedsrichteramt übernehmen. Von Ausschreitungen Weißer gegen Eingeborene ist mir nirgends etwas zu Ohren gekommen.

III. Abschnitt.

Übersichtstabellen.

Reiseausrüstung. Meteorologische Beobachtungen. Aufzählung der gesammelten Pflanzen. Die Stämme der Eingeborenen. Wörterverzeichnisse.

Reiseausrüstung.

Diese Ausrüstung ist für eine sechsmonatliche Reise nach dem tropischen Westafrika berechnet und macht, größtenteils in wasserdichte Blechkoffer verpackt, etwa 30 Trägerlasten von je 25 Kilogramm aus. Es empfiehlt sich, außerdem noch einige Ersatzgegenstände nach einem Orte, den man auf der Rückreise zu berühren gedenkt, vorauszuschicken.

1. Kleidung: 6 Taghemden, 3 Nachthemden, 6 Unterhosen, 6 Paar Socken, 2 Leibbinden (für Krankheitsfälle); 6 Kragen, 3 Paar Manschetten und eine Krawatte (für die Seereise); 3 Anzüge aus gelbem Kakidrell, 3 Anzüge aus weißem Baumwollstoff, ein europäischer Sommeranzug; ein Hosenträger; ein Regenmantel aus imprägniertem Stoff, ein Überzieher, ein Schirm; 2 Paar Schnürstiefeletten, ein Paar Gamaschen, ein Paar Schaftstiefel, 2 Paar Hausschuhe (Moskitoschuhe); ein Tropenhelm, ein breiter Filzhut mit Stroheinlage, ein kleiner Filzhut; 3 Brillen.

2. Toilettegegenstände: eine Toiletteschachtel mit Spiegel, außerdem 2 Schwämme, 2 Stücke Seife, 2 Büchsen Zahnpulver, 2 Flaschen Mundwasser, ein Haarschneidemaschine; ein Badebecken, ein Waschbecken, ein Krug, ein Becher; 6 große und 3 kleine Handtücher, 3 Abreibhandtücher, 24 Taschentücher, 2 Pakete Klosettpapier.

3. **Wohnung:** Ein Zelt mit einer Bodendecke und 2 Packsäcken; ein Bett, eine Roßhaarmatratze, ein Kopfkissen, 3 Kamelhaardecken, 2 Leintücher, ein Kissenüberzug, 2 Moskitonetze, 2 wasserdichte Säcke; ein Tisch, ein Stuhl, ein Lehnstuhl, ein Klosettstuhl, eine Hängematte.

4. **Haushaltungsgegenstände:** Ein Satz Kochgeschirr aus Aluminium, ein Spirituskocher, ein Liter Spiritus, ein Theeei; ein Wassereimer (oder eine 10 Liter-Flasche), ein Becher, ein Filter, ein Trichter, 100 Bogen Filtrierpapier, eine Theekanne von 4 Liter (zum Wasserkochen), eine große (3 Liter fassende) und eine kleine (einen halben Liter fassende) Feldflasche, ein Korkzieher, ein Dutzend Korke; ein Eßkorb, ein Satz Tischgeschirr (für den Aufenthalt in den Posten), ein Büchsenöffner, 3 Servietten; 3 Kilogramm Seife, ein Plätteisen, eine Kleiderbürste, eine Schachtel Schuhputzzeug, ein weißer Putzstein, 3 Wischtücher; eine Laterne, ein Leuchter, 6 Kilogramm Kerzen, 6 Pakete Zündhölzchen; eine Weckeruhr.

5. **Nahrungsmittel:** Je 3 Kilogramm Salz, Zucker, Butter, Milch, Reis, Biskuits, Marmelade, je 1 Kilogramm Thee, Kakao, Haferflocken, Makaroni, Schokolade; 12 Flaschen Mineralwasser.

6. **Arzneimittel:** Eine Taschenapotheke, außerdem je 100 Gramm Chinin, Abführmittel, Jodtinktur, Jodoform, Sublimat, Salicylspiritus, Borsalbe, Kollodium, $^1/_2$ Kilogramm Reismehl, ein Paket Verbandgaze, ein Paket Watte, ein Fieberthermometer.

7. **Werkzeug und Packmaterial:** Eine Rolle Handwerkzeug, eine Hammerzange, 2 Haumesser, 6 Dutzend Nägel und Schrauben, eine Rolle Lötzeug, eine Federwage, 6 Vorhängeschlösser, eine Flasche Maschinenöl; eine Nähschachtel; 3 Knäuel Bindfaden, 2 Bund Stricke, 10 Meter wasserdichter Stoff, 10 Bogen Packpapier, eine Büchse Klebmittel, ein Rucksack.

8. **Waffen:** 2 Revolver mit je 100 Patronen, 2 Armeegewehre mit je 100 Patronen, 2 Jagdgewehre mit je 200 Patronen, 5 Patrontaschen mit Gürtel.

9. **Schreibzeug:** Eine Schreibzeugschachtel, 2 Tintenzeuge, ein Taschenmesser, eine Schachtel Briefpapier, 25 Bogen Schreibpapier, ein Notizbuch, ein Routenaufnahmebuch, ein Tagebuch.

10. **Photographische Ausrüstung:** Eine Reisekamera 13×18 mit 3 Objektiven, 6 Doppelkassetten, einem Stativ und einem Einstelltuch, ein Handapparat 13×18 mit einem Objektiv, 3 Doppelkassetten, einem

Stativ und einem Einstelltuch; 20 Dutzend Trockenplatten, 10 Dutzend Films (als Reserve), 6 Filmträger, ein Abstauber, 2 Pakete Klebstreifen, eine rote Laterne, 3 Schalen, ein Meßglas, eine Schachtel Entwicklungs-, Fixier- und Tonfixierpatronen, 100 Gramm Bromkali, ein Kopierrahmen, ein Paket Kopierpapier.

11. Geographische und anthropologische Ausrüstung: 2 Taschenuhren, 2 Kompasse, ein Meßband; 2 Aneroide, ein Hypsometer, ein Schleuder-Thermometer, ein Aspirations-Psychrometer; ein Feldstecher; ein Körpermessapparat, eine Farbentafel.

12. Botanische Ausrüstung: Eine Sammelmappe, 12 Pressen, 2000 Bogen Pflanzenpapier, 1000 Papierkapseln, 300 Etiketten, eine Blechbüchse, ein Kilogramm Naftalin.

13. Bücher und Karten: Reiseanleitungen, Reisebeschreibungen, Kursbücher, Sprach- und Wörterbücher, Unterhaltungsschriften, Landkarten.

14. Geld und Dokumente: Geld, Anweisungen, Paß, Empfehlungsbriefe, Visitkarten.

15. Tauschwaren: 4 Ballen (von je 25 Kilogramm) Indigo-Drill, ein Ballen Amerikani, ein Ballen Flanelldecken, 100 Kilogramm Salz, je 5 Kilogramm Glasperlen, Draht, Nägel u. dgl.

Meteorologische Beobachtungen.

Die Beobachtungen wurden um 7 Uhr vormittags, 2 Uhr nachmittags, und 9 Uhr abends angestellt, doch fiel manchmal die eine oder andere aus. Der Luftdruck ist in Millimetern nach den Angaben des einen meiner beiden Aneroide aufgeführt, welches um 20—40 Millimeter mehr anzeigte als das zweite und um 40—70 Millimeter mehr als das Siedethermometer. Die Temperatur der Luft ist in Graden der hundertteiligen Skala nach den Angaben eines Schleuder-Thermometers aufgeführt, die Feuchtigkeit in Prozenten, und zwar bis 5. Februar nach den Angaben eines Schleuder-Psychrometers, von da an nach denen eines Aspirations-Psychrometers, dessen feuchtes Thermometer namentlich mittags etwas niedrigere Temperaturen und somit eine etwas geringere Luftfeuchtigkeit anzuzeigen pflegte als das des Schleuder-Psychrometers. Die Bewölkung ist in Zehnteln des Himmelsgewölbes angegeben, der Regen, der stets von Gewitter begleitet war, nach Zeit und Dauer.

Übersichtstabellen.

Datum	Stunde	Ort	Luftdruck	Temperatur	Feuchtigkeit	Bewölkung	Regen
26. I.	7	Mandungu	729.2	20.8	—	10	—
„	2	„	726.4	30.0	—	2	—
27. I.	7	„	727.7	20.5	97	10	—
28. I.	9	Mobwasa	720.8	19.5	—	10	7—7¹/₂ p
29. I.	7	„	724.8	18.6	98	10	—
„	2	„	723.6	27.5	61	5	—
„	9	„	725.6	21.0	93	2	—
30. I.	7	„	725.4	19.5	95	5	—
„	2	„	722.3	31.4	49	2	—
„	9	„	725.6	24.1	84	10	9—12 p
31. I.	7	„	726.2	18.9	92	10	12—2 a
„	9	Boguge	727.2	19.8	95	5	—
1. II.	7	„	728.0	19.6	96	4	3—5 a
„	9	Bei Boguge	728.6	22.0	95	1	—
2. II.	7	„	728.8	19.2	96	0	—
„	9	Mondunga	727.2	22.2	95	0	—
3. II.	7	„	727.6	20.6	93	0	12—3 p
4. II.	7	Mombongo	727.6	20.0	96	5	—
„	2	„	725.2	29.2	72	5	—
„	9	„	725.9	21.7	94	0	—
5. II.	7	„	727.7	21.1	93	1	—
„	2	„	725.2	31.2	76	5	—
„	9	„	727.1	22.0	96	0	—
6. II.	7	„	729.2	19.2	—	5	—
„	2	„	726.4	25.0	74	5	10—12 a
„	9	„	728.5	20.0	95	2	—
7. II.	7	„	728.4	18.3	98	1	—
„	2	„	726.1	30.2	61	4	1—1¹/₄ p
„	9	„	727.6	22.1	97	3	—
8. II.	7	„	727.9	18.5	98	7	—
„	2	„	724.9	32.4	44	0	—
„	9	„	726.6	20.6	96	0	—
9. II.	7	„	726.6	16.3	96	1	—
„	2	„	723.7	30.2	58	2	—
„	9	„	724.5	22.2	91	1	—
10. II.	7	„	726.0	18.2	94	0	—
„	9	Am Moturu	728.2	24.1	94	10	—
11. II.	9	Mongende	727.6	21.2	95	10	—
12. II.	7	„	728.1	18.1	—	0	—

5*

Datum	Stunde	Ort	Luftdruck	Temperatur	Feuchtigkeit	Bewölkung	Regen
12. II.	9	Bei Mongende	725.8	22.6	94	0	—
13. II.	7	„	726.1	19.3	—	10	—
14. II.	2	Mogbogoma	720.2	34.0	46	4	—
„	9	„	722.4	26.1	84	2	—
15. II.	7	„	722.3	24.2	84	2	—
„	2	„	718.7	34.2	43	7	—
„	9	„	720.5	25.1	88	2	—
16. II.	7	„	721.4	19.8	93	10	1—6 und 8—12 a
„	2	„	720.6	25.1	78	8	—
„	9	„	721.9	21.2	91	8	—
17. II.	7	„	723.1	22.0	—	10	—
„	9	Am Kulunga	727.7	21.0	—	2	—
18. II.	7	„	728.2	17.2	—	2	—
19. II.	7	Bei Abumombazi	727.3	20.2	—	2	—
„	9	Abumombazi	725.9	22.8	—	2	—
20. II.	7	„	728.6	20.1	—	10	3—7 a
„	9	„	726.0	22.9	—	6	—
21. II.	7	„	727.2	21.2	96	8	—
„	9	„	727.9	21.0	—	10	7—9 p
22. II.	7	„	727.5	21.0	—	10	—
„	2	„	724.5	28.3	78	10	3—5 p
„	9	„	727.9	20.0	—	10	10—12 p
23. II.	7	„	727.2	19.8	95	10	—
„	2	„	724.6	30.2	60	3	—
„	9	„	726.2	22.5	97	0	—
24. II.	7	„	727.4	20.3	—	8	7—12 p
25. II.	7	Am Biali	729.1	20.2	—	10	12—8 a
„	9	Gugo	725.2	21.8	—	8	10—10½, 11—11½ a, 5—5½ p
26. II.	7	„	725.5	19.8	—	2	—
„	9	Ndonga	725.9	22.0	—	2	—
27. II.	7	„	727.4	20.8	—	10	—
28. II.	7	Yakoma	730.6	20.8	92	10	3—5 a
„	2	„	729.0	28.4	58	10	—
„	9	„	730.4	23.8	87	10	—
1. III.	2	„	728.1	31.1	55	3	9—10 p
2. III.	7	„	730.4	20.8	95	10	—

Übersichtstabellen.

Datum	Stunde	Ort	Luftdruck	Temperatur	Feuchtigkeit	Bewölkung	Regen
2. III.	2	Yakoma	727.7	28.9	61	3	—
3. III.	—	—	—	—	—	—	—
4. III.	—	—	—	—	—	—	—
5. III.	—	—	—	—	—	—	—
6. III.	7	Banzyville	728.5	23.1	90	0	—
”	2	”	727.1	32.6	49	0	—
”	9	”	727.9	24.9	79	0	—
7. III.	7	”	729.5	22.2	91	0	—
”	2	”	726.1	33.2	44	2	—
”	9	”	727.1	26.2	85	0	—
8. III.	7	”	728.0	25.0	85	2	—
”	2	”	725.6	34.1	44	2	—
9. III.	2	Unterhalb Banzyville	726.9	31.9	—	8	10—11 p
10. III.	7	”	730.3	22.2	—	10	—
”	2	”	728.1	30.9	—	2	10—12 p
11. III.	7	”	731.4	22.8	—	0	—
”	2	”	730.4	30.9	—	10	10—12 p
12. III.	7	”	731.0	20.9	—	2	—
”	2	”	729.2	31.9	—	2	—
13. III.	7	Oberhalb Mokoange	730.7	24.9	—	2	—
”	2	”	728.7	32.2	—	5	—
”	9	”	729.0	24.7	—	0	—
14. III.	7	”	730.9	24.2	—	2	—
”	2	”	729.1	32.3	—	4	—
15. III.	7	Mokoange	731.2	26.2	84	10	—
”	2	”	730.8	27.2	70	10	—
16. III.	7	”	734.0	22.7	—	5	—
”	2	Unterhalb Mokoange	732.1	31.2	—	2	—
17. III.	7	”	734.1	25.6	—	2	—
”	2	”	731.6	31.2	—	3	—
18. III.	7	Oberh. Libenge	732.4	21.9	—	10	3—6 a
”	2	”	732.0	27.2	—	10	—
19. III.	7	Libenge	734.1	21.1	94	10	1—9 a
20. III.	7	”	733.0	22.3	91	2	—

Aufzählung der gesammelten Pflanzen.

Nachstehendes Verzeichnis umfaßt nicht nur die vom Verfasser im Jahre 1909 im Bangala- und Ubangi-Distrikte gesammelten Pflanzen, sondern auch die von demselben im Jahre 1896 auf seiner ersten Kongoreise im Bangala-Distrikte gesammelten, da das auf diese Reise bezügliche Werk „Im afrikanischen Urwald" kein solches Verzeichnis enthält.*)

Neue Arten sind *kursiv* gedruckt. Die Nummern, bei welchen kein Name angegeben ist, sind noch nicht bestimmt.

Im Jahre 1896 gesammelte Pflanzen.

Nummer	Datum	Ort	Name	Familie
1.	23. VIII.	Upoto	Phyllanthus capillaris Schum. & Thonn.	Euphorbiaceae
2.	„	„	Mallotus oppositifolius Muell. Arg.	Euphorbiaceae
3.	„	„	Asystasia gangetica T. Anders.	Acanthaceae
4.	„	„	Mallotus oppositifolius Muell. Arg.	Euphorbiaceae
5.	„	„	Coinochlamys congolana Gilg	Loganiaceae
6.	„	„	Triumfetta rhomboidea Jacq.	Tiliaceae
7.	„	„	Gloriosa simplex L.	Liliaceae
8.	„	„	Trema guineensis Ficalho	Ulmaceae
9.	„	„	Dioscorea *Thonneri* De Wild. & Dur.	Dioscoreaceae
10.	„	„	Desmodium lasiocarpum DC.	Leguminosae
11.	„	„	Polypodium phymatodes L.	Polypodiaceae
12.	26. VIII.	Gali	Listrostachys Challuana Reichb. fil.	Orchidaceae
13.	„	„	Funtumia elastica Stapf	Apocynaceae
14.	27. VIII.	„	Alchornea floribunda Muell. Arg.	Euphorbiaceae
15.	„	„	Palisota hirsuta K. Schum.	Commelinaceae
16.	„	„	Commelina nudiflora L.	Commelinaceae
17.	„	„	Geophila renaris De Wild. & Dur.	Rubiaceae
18.	„	„	Cissus producta Planch.	Vitaceae
19.	„	„	Bertiera *Thonneri* De Wild. & Dur.	Rubiaceae
20.	28. VIII.	„	Ouratea *laxiflora* De Wild. & Dur.	Ochnaceae
21.	„	„	Guyonia *intermedia* Cogn.	Melastomataceae
22.	„	„	Commelina condensata C. B. Clarke	Commelinaceae
23.	„	„	Bufforestia imperforata C. B. Clarke	Commelinaceae

*) Ausführlichere Angaben über die Pflanzensammlungen des Verfassers enthält das Werk: De Wildeman & Durand, Plantae Thonnerianae Congolenses (Bruxelles 1900), zu welchem eine von De Wildeman bearbeitete Fortsetzung erscheinen wird.

Übersichtstabellen.

Nummer	Datum	Ort	Name	Familie
24.	28. VIII.	Gali	Impatiens *Thonneri* De Wild. & Dur.	Balsaminaceae
25.	„	„	Oldenlandia lancifolia Schweinf.	Rubiaceae
26.	„	„	Phaeoneuron dicellandroides Gilg	Melastomataceae
27.	„	„	Aneilema beninense Kunth	Commelinaceae
28.	„	„	Geophila obvallata F. Didr.	Rubiaceae
29.	„	„	Urera *Thonneri* De Wild. & Dur.	Urticaceae
30.	„	„	Asplenium sinuatum Desv.	Polypodiaceae
31.	„	„	Nephrolepis acuta Presl	Polypodiaceae
32.	31. VIII.	„	Crossandra guineensis Nees	Acanthaceae
33.	„	„	Phytolacca abyssinica Hoffm., var. *latifolia* De Wild. & Dur.	Phytolaccaceae
34.	2. IX.	Bobi bei Gali	Thunbergia *Thonneri* De Wild. & Dur.	Acanthaceae
35.	„	„	Mussaenda stenocarpa Hiern, var. *latifolia* De Wild. & Dur.	Rubiaceae
36.	„	„	Aspilia latifolia Oliv. & Hiern	Compositae
37.	„	„	Harveya *Thonneri* De Wild. & Dur.	Scrophulariaceae
38.	„	„	Lankesteria Barteri Hook. fil.	Acanthaceae
39.	„	„	Enhydra fluctuans Lour.	Compositae
40.	„	„	Impatiens bicolor Hook. fil.	Balsaminaceae
41.	„	„	Ludwigia prostrata Roxb.	Onagraceae
42.	„	„	Momordica Charantia L., var. abbreviata Ser.	Cucurbitaceae
43.	„	„	Tragia tenuifolia Benth.	Euphorbiaceae
44.	„	„	Uragoga *Thonneri* De Wild. & Dur.	Rubiaceae
45.	„	„	Dorstenia scaphigera Bur.	Moraceae
46.	„	„	Cyathogyne viridis Muell. Arg.	Euphorbiaceae
47.	„	„	Heisteria parvifolia Sm.	Olacaceae
48.	„	„	Scaphopetalum *Thonneri* De Wild. & Dur.	Sterculiaceae
49.	„	„	Dorstenia Psilurus Welw.	Moraceae
50.	„	„	Nephrodium subquinquefidum Hook.	Polypodiaceae
51.	„	„	Adiantum tetraphyllum Willd.	Polypodiaceae
52.	3. IX.	„	Commelina condensata C. B. Clarke	Commelinaceae
53.	„	„	Torenia parviflora Hamilt.	Scrophulariaceae
54.	„	„	Selaginella scandens Spreng.	Selaginellaceae
55.	„	„	Thonningia sanguinea Vahl	Balanophoraceae

Vom Kongo zum Ubangi.

Nummer	Datum	Ort	Name	Familie
56.	3. IX.	Bobi bei Gali	Diodia scandens Swartz	Rubiaceae
57.	"	"	Boerhaavia ascendens Willd.	Nyctaginaceae
58.	5. IX.	Bokapo bei Gali	Rourea adiantoides Gilg	Connaraceae
59.	"	"	Mussaenda elegans Schum. & Thonn.	Rubiaceae
60.	"	"	Spathodea nilotica Seem.	Bignoniaceae
61.	"	"	Loranthus Thonneri Engl.	Loranthaceae
62.	"	"	Dicranolepis *Thonneri* De Wild. & Dur.	Thymelaeaceae
63.	7. IX.	Boyangi bei Dobo	Vigna gracilis Hook. fil.	Leguminosae
64.	"	"	Rourea adiantoides Gilg	Connaraceae
65.	"	"	Triumfetta rhomboidea Jacq.	Tiliaceae
66.	"	"	Diodia scandens Swartz	Rubiaceae
67.	"	"	—	—
68.	"	"	Desmodium lasiocarpum DC.	Leguminosae
69.	"	"	Clerodendron *Thonneri* Guerke	Verbenaceae
70.	"	"	Corchorus olitorius L.	Tiliaceae
71.	9. IX.	Dobo	Heinsia pulchella K. Schum.	Rubiaceae
72.	"	"	Aneilema sinicum Lindl.	Commelinaceae
73.	10. IX.	Yangula bei Dobo	Pseudarthria Hookeri Wight et Arn.	Leguminosae
74.	"	"	Buchnerodendron speciosum Guerke	Flacourtiaceae
75.	"	"	Strophanthus Preussii Engl. & Pax	Apocynaceae
76.	"	"	Daemia extensa R. Br.	Asclepiadaceae
77.	11. IX.	Yabosumba b. Dobo	Panicum indutum Steud.	Gramineae
78.	"	"	Panicum brizanthum Hochst., var. *polystachyum* De Wild. & Dur.	Gramineae
79.	"	"	Commelina aspera G. Don	Commelinaceae
80.	"	"	Cassia mimosoides L.	Leguminosae
81.	"	"	Indigofera astragalina DC.	Leguminosae
82.	"	"	Panicum diagonale Nees, var. *hirsutum* De Wild. & Dur.	Gramineae
83.	"	Molanga bei Dobo	Desmodium tenuiflorum M. Micheli	Leguminosae
84.	"	"	Panicum sulcatum Aubl.	Gramineae
85.	"	"	—	—
86.	"	"	—	—

Übersichtstabellen 73

Nummer	Datum	Ort	Name	Familie
87.	11. IX.	Molanga bei Dobo	Andropogon familiaris Steud.	Gramineae
88.	16. IX.	Mongo bei Upoto	Caloncoba Welwitschii Gilg	Flacourtiaceae
89.	„	„	Rhynchosia Mannii Bak.	Leguminosae
90.	„	„	Salacia *congolensis* De Wild. & Dur.	Hippocrateaceae
91.	„	„	Combretum Lawsonianum Engl. & Diels	Combretaceae
92.	„	„	Thonningia sanguinea Vahl	Balanophoraceae
93.	20. IX.	Gali	Listrostachys *Thonneriana* Kraenzl.	Orchidaceae
94.	„	„	Crossandra guineensis Nees	Acanthaceae
95.	„	„	Pycnocoma *Thonneri* Pax	Euphorbiaceae
96.	21. IX.	Bolombo bei Gali	Solanum inconstans C. H. Wright	Solanaceae
97.	„	„	Pseuderanthemum Ludovicianum Lindau	Acanthaceae
98.	„	„	Talinum cuneifolium Willd.	Portulacaceae
99.	22. IX.	Liboko bei Gali	Asplenium emarginatum P. Beauv.	Polypodiaceae
100.	„	„	Thonnera *congolana* De Wild.	Anonaceae
101.	„	„	—	—
102.	23. IX.	Mondjerenge bei Monveda	Quassia africana Baill.	Simarubaceae
103.	„	„	Portulaca quadrifida L.	Portulacaceae
104.	24. IX.	Monveda	Isolona *Thonneri* Engl. & Diels	Anonaceae
105.	„	„	Eulophia guineensis Lindl.	Orchidaceae
106.	20. X.	Bogolo b. Bokula	Isolona *Thonneri* Engl. & Diels	Anonaceae
107.	„	„	Ixora odorata Hook. fil.	Rubiaceae
108.	„	„	Cissus Smithiana Planch.	Vitaceae
109.	„	„	Conopharyngia *Thonneri* Stapf	Apocynaceae
110.	21. X.	„	Nelsonia brunellioides O. Ktze.	Acanthaceae
111.	„	„	Hygrophila *Lindaviana* Burkill	Acanthaceae
112.	22. X.	Mbanza b. Bokula	Hygrophila *Lindaviana* De Wild. & Dur.	Acanthaceae
113.	„	„	Celosia argentea L.	Amarantaceae
114.	„	„	Gynura crepidioides Benth.	Compositae
115.	„	„	Sesamum indicum L.	Pedaliaceae

Nummer	Datum	Ort	Name	Familie
116.	22. X.	Mbanza b. Bokula	Sesamum *mombanzense* De Wild. & Dur.	Pedaliaceae
116bis.	„	„	Sesamum *Thonneri* De Wild. & Dur.	Pedaliaceae
117.	„	„	Amarantus paniculatus L.	Amarantaceae
118.	„	„	Mohlana latifolia Moq.	Phytolaccaceae
119.	„	„	Mucuna pruriens DC.	Leguminosae
120.	„	„	Lantana salviifolia Jacq.	Verbenaceae

Im Jahre 1909 gesammelte Pflanzen.

Nummer	Datum	Ort	Name	Familie
121.	28. I.	Mobwasa	Clerodendron splendens D. Don	Verbenaceae
122.	„	„	Lankesteria Barteri Hook. fil.	Acanthaceae
123.	„	„	Mikania scandens Willd.	Compositae
124.	„	„	—	—
125.	„	„	Justicia Rostellaria Lindau	Acanthaceae
126.	30. I.	„	Cuviera angolensis Welw.	Rubiaceae
127.	31. I.	„	Heisteria parvifolia Sm., var. grandifolia Engl.	Olacaceae
128.	„	„	Zeuxine elongata Rolfe	Orchidaceae
129.	„	„	—	—
130.	„	„	—	—
131.	1. II.	Boguge b. Mobwasa	Trymatococcus kamerunianus Engl.	Moraceae
132.	2. II.	„	—	—
133.	„	„	Oxyanthus speciosus DC.	Rubiaceae
134.	„	„	—	—
135.	„	„	Trymatococcus kamerunianus Engl.	Moraceae
136.	„	„	Mostuea densiflora Gilg	Loganiaceae
137.	„	„	Pseuderanthemum Ludovicianum Lindau	Acanthaceae
138.	„	„	Streptogyne crinita P. Beauv.	Gramineae
139.	„	„	Leptaspis cochleata Thwaites	Gramineae
140.	3. II.	Mondunga b. Mombongo	Leptonychia multiflora K. Schum.	Sterculiaceae
141.	„	„	Asystasia longituba Lindau	Acanthaceae
142.	„	„	Whitfieldia elongata De Wild. & Dur.	Acanthaceae
143.	„	„	Coffea jasminoides Welw.	Rubiaceae
144.	„	„	—	—
145.	4. II.	Mombongo	Begonia Poggei Warb.	Begoniaceae

Übersichtstabellen.

Nummer	Datum	Ort	Name	Familie
146.	4. II.	Mombongo	Lissochilus Welwitschii Reichb.	Orchidaceae
147.	„	„	—	
148.	„	„	—	
149.	5. II.	„	Dalhousiea africana S. Moore	Leguminosae
150.	„	„	—	
151.	„	„	Vernonia jugalis Oliv. & Hiern	Compositae
152.	6. II.	„	Caloncoba Welwitschii Gilg	Flacourtiaceae
153.	„	„	Pouzolzia guineensis Benth.	Urticaceae
154.	„	„	Vernonia senegalensis Less.	Compositae
155.	„	„	Triumfetta rhomboidea Jacq.	Tiliaceae
156.	„	„	Coffea divaricata K. Schum.	Rubiaceae
157.	7. II.	„	Casearia *Thonneri* De Wild.	Flacourtiaceae
158.	„	„	Trema guineensis Ficalho	Ulmaceae
159.	„	„	Bertiera capitata De Wild.	Rubiaceae
160.	„	„	—	—
161.	„	„	—	—
162.	„	„	—	
163.	„	„	Otomeria lanceolata Hiern	Rubiaceae
164.	„	„	Bertiera Thonneri De Wild. & Dur.	Rubiaceae
165.	„	„	—	—
166.	9. II.	„	—	—
167.	10. II.	„	Geophila renaris De Wild. & Dur.	Rubiaceae
168.	„	„	—	—
169.	„	„	—	—
170.	„	„	—	—
171.	„	„	Cola nalaensis De Wild., var. *variifolia* De Wild.	Sterculiaceae
171bis.	„	„	Crotonogyne *Thonneri* De Wild.	Euphorbiaceae
172.	„	„	Anonidium Mannii Engl. & Diels	Anonaceae
173.	11. II.	Mongende bei Dundusana	Pauridiantha canthiiflora Hook. fil.	Rubiaceae
174.	„	„	Impatiens bicolor Hook. fil.	Balsaminaceae
175.	„	„	—	—
176.	„	„	Mostuea densiflora Gilg	Loganiaceae
177.	„	„	Dorstenia convexa De Wild.	Moraceae
178.	„	„	—	—

Nummer	Datum	Ort	Name	Familie
179.	12. II.	Mongende bei Dundusana	Quassia africana Baill.	Simarubaceae
180.	„	„	—	—
181.	„	„	Caloncoba Welwitschii Gilg	Flacourtiaceae
182.	13. II.	Mogbogoma bei Abumombazi	Leptonychia multiflora K. Schum.	Sterculiaceae
183.	„	„	Combretum hispidum Laws.	Combretaceae
184.	17. II.	„	Hygrophila *Thonneri* De Wild.	Acanthaceae
185.	„	„	Ludwigia prostrata Roxb.	Onagraceae
186.	„	„	Melochia melissifolia Benth.	Sterculiaceae
187.	„	„	—	—
188.	„	„	Dewevrea bilabiata M. Mich. .	Leguminosae
189.	„	„	—	—
190.	„	„	—	—
191.	18. II.	Abumombazi	Trymatococcus kamerunianus Engl.	Moraceae
192.	„	„	Cnestis Laurentii De Wild.	Connaraceae
193.	19. II.	„	—	—
194.	„	„	Microdesmis puberula Hook. fil.	Euphorbiaceae
195.	„	„	—	—
196.	„	„	—	—
197.	„	„	Parkia filicoidea Welw.	Leguminosae
198.	„	„	—	—
199.	„	„	Thonningia sanguinea Vahl	Balanophoraceae
200.	„	„	Claoxylon africanum Muell. Arg.	Euphorbiaceae
201.	„	„	Dissotis decumbens Triana	Melastomataceae
202.	„	„	Sabicea venosa Benth.	Rubiaceae
203.	„	„	Diodia scandens Swartz	Rubiaceae
204.	„	„	—	—
205.	„	„	Leea guineensis Don	Vitaceae
206.	21. II.	„	Coffea divaricata K. Schum.	Rubiaceae
207.	„	„	Mussaenda elegans Schum. & Thonn.	Rubiaceae

Übersichtstabellen.

Nummer	Datum	Ort	Name	Familie
208.	23. II.	Abumombazi	Asystasia gangetica T. Anders.	Acanthaceae
209.	„	„	—	—
210.	„	„	Coinochlamys angolana S. Moore	Loganiaceae
211.	„	„	Psychotria mogandjoensis De Wild.	Rubiaceae
212.	24. II.	„	—	—
213.	„	„	Rhynchospora aurea Vahl	Cyperaceae
214.	„	„	—	—
215.	25. II.	Gugo bei Yakoma	Acalypha ornata A. Rich.	Euphorbiaceae
216.	„	„	Acanthus montanus T. Anders.	Acanthaceae
217.	„	„	Daemia extensa R. Br.	Asclepiadaceae
218.	„	„	Wissadula rostrata Planch.	Malvaceae
219.	„	„	—	—
220.	„	„	Uragoga peduncularis K. Schum.	Rubiaceae
221.	„	„	Macaranga *Thonneri* De Wild.	Euphorbiaceae
222.	„	„	Vernonia senegalensis Less.	·Compositae
223.	„	„	Mallotus oppositifolius Muell. Arg.	Euphorbiaceae
224.	„	„	Lantana salviifolia Jacq.	Verbenaceae
225.	„	„	—	—
226.	„	„	Crinum scabrum Sims	Amaryllidaceae
227.	„	„	—	—
228.	„	„	Rourea *Thonneri* De Wild.	Connaraceae
229.	„	„	Mussaenda arcuata Poir.	Rubiaceae
230.	„	„	Buchnerodendron speciosum Guerke	Flacourtiaceae
231.	„	„	Hugonia platysepala Welw.	Linaceae
232.	„	„	—	—
233.	„	„	Cnestis ferruginea DC.	Connaraceae
234.	„	„	Lippia adoensis Hochst.	Verbenaceae
235.	26. II.	„	Antholyza *Thonneri* De Wild.	Iridaceae
236.	„	„	—	—
237.	„	„	Uraria picta Desv.	Leguminosae
238.	„	„	Pennisetum Prieurii Kunth	Gramineae
239.	„	„	Andropogon familiaris Steud.	Gramineae
240.	„	„	Mallotus oppositifolius Muell. Arg.	Euphorbiaceae
241.	„	„	Ageratum conyzoides L.	Compositae
242.	„	„	Striga hirsuta Benth.	Scrophulariaceae
243.	„	„	Lissochilus purpuratus Lindl.	Orchidaceae

Vom Kongo zum Ubangi.

Nummer	Datum	Ort	Name	Familie
244.	26. II.	Gugo bei Yakoma	Haemanthus multiflorus Martyn	Amaryllidaceae
245.	„	„	Combretum *Thonneri* De Wild.	Combretaceae
246.	„	„	Oxalis corniculata L.	Oxalidaceae
247.	„	„	Lantana salviifolia Jacq.	Verbenaceae
248.	„	„	Dissotis macrocarpa Gilg	Melastomataceae
249.	„	„	Pavetta baconia Hiern	Rubiaceae
250.	„	„	Cyrtosperma senegalense Engl.	Araceae
251.	27. II.	Yakoma	—	—
252.	„	„	Macaranga *Thonneri* De Wild.	Euphorbiaceae
253.	„	„	Thomandersia laurifolia Baill.	Acanthaceae
254.	„	„	—	—
255.	„	„	Cnestis ferruginea DC.	Connaraceae
256.	„	„	—	—
257.	„	„	—	—
258.	„	„	—	—
259.	„	„	Imperata cylindrica P. Beauv.	Gramineae
260.	„	„	Vernonia jugalis Oliv. & Hiern	Compositae
261.	„	„	Heliotropium indicum L.	Boraginaceae
262.	7. III.	Banzyville	Dracaena reflexa Lam., var. nitens Bak.	Liliaceae
263.	8. III.	„	Vitex *Thonneri* De Wild.	Verbenaceae
264.	„	„	Combretum hispidum Laws.	Combretaceae
265.	15. III.	Mokoange	—	—
266.	„	„	Mussaenda erythrophylla Schum. & Thonn.	Rubiaceae
267.	„	„	—	—
268.	16. III.	„	—	—
269.	„	„	—	—
270.	„	„	Mimosa asperata L.	Leguminosae

Vom Kongo zum Ubangi.

Die Stämme der
nach ihren wichtigsten

Nachstehende Tabelle ist noch sehr unvollständig und verbesserungs-
ich nur streifte. Auch sollten noch Gerätschaften, Beerdigungsarten

Gruppe	Stamm	Gesichtstätowierung	Frauen-kleidung	Eigenheiten in der Tracht
Bangala	Babangi	Eine senkrechte Reihe kleiner, querläng- licher Narben in der Mittellinie der Stirne.	Hüfttuch	Haare in 2—3 Hörn- chen geflochten. Dicke Messinghals- ringe der Frauen.
„	Ngiri	(Eine senkrechte Reihe kleiner, querlängli- cher Narben in der Mittellinie d. Stirne.)	Faserrock	Fellpanzer der Krieger.
„	Lubala	(Fehlend.)	Faserrock	Fellpanzer der Krieger.
„	Bangala	Eine senkrechte Reihe großer, querläng- licher Narben in der Mittellinie der Stirn; außerdem eine Gruppe von Narben auf den Jochbogen.	Faserrock	
„	Bapoto	Mehrere bogenförmi- ge, fast über das gan- ze Gesicht sich er- streckende Reihen klein. Narben, nebst einer senkrechten in der Mittellinie der Stirn und einigen auf den Wangen.	Hüftschnur	Haare in zwei großen Wülsten.
Ngombe	Bwela	Mehrere bogenförmi- ge, fast über das ganze Gesicht sich erstreckende Reihen klein. Narben, nebst einigen senkrechten Reihen in der Mittel- linie der Stirne.	Hüftschnur	Haare in zwei großen Wülsten.

Eingeborenen Unterscheidungsmerkmalen.
bedürftig, namentlich insoweit sie sich auf Stämme bezieht, deren Gebiet u. a. berücksichtigt werden. Zweifelhafte Angaben sind eingeklammert.

Lage der Hütten	Bauart der Hütten	Sprache	Zahlwörter 1—5
An einer langen Straße	Grundriß rechteckig. Wände aus Palmblattrippen.	Bantu. Mehrzahl durch Vorsilben.	-oko, -bale, -sato, -nei, -tano.
(An einer langen Straße).	Grundriß rechteckig. Wände aus Palmblattrippen.	Bantu. Mehrzahl durch Vorsilben.	(-oko, -bale, -sato, -nei, -tano.)
An einer langen Straße	Grundriß rechteckig. Wände aus Palmblattrippen Veranda.	Bantu. Mehrzahl durch Vorsilben.	-mo, -bali, -atu, -ne, -tano.
An einer langen Straße	Grundriß rechteckig. Wände aus Palmblattrippen.	Bantu. Mehrzahl durch Vorsilben.	-awi, -bale, -satu, -nei, -tanu.
An mehreren kurzen Straßen.	Grundriß rechteckig. Wände aus Palmblattrippen.	Bantu. Mehrzahl durch Vorsilben.	-oko, -wali, -sato, -nei, -tano.
An einer langen Straße	Grundriß rechteckig. Wände aus Palmblattrippen.	Bantu. Mehrzahl durch Vorsilben.	-moti, -bali, -atu, -ne, -tano.

Thonner, Vom Kongo zum Ubangi.

Gruppe	Stamm	Gesichtstätowierung	Frauen-kleidung	Eigenheiten in der Tracht
Ngombe	Maginza	Mehrere wagrechte und einige senkrechte Reihen kleiner Narben auf der Stirne; bisweilen auch einige auf den Wangen.	Hüftschnur	Vorderzähne zugespitzt. Haare in mehreren Wülsten. Fellhauben der Männer.
„	Budja	Mehrere wagrechte und einige senkrechte Reihen kleiner Narben auf der Stirne; bisweilen außerdem federförmige Narben auf den Wangen.	Hüftschnur	Vorderzähne zugespitzt. Haare der Frauen in Zotten.
„	Mabali	Mehrere wagrechte und einige senkrechte Reihen kleiner Narben auf der Stirne; außerdem einige Reihen auf den Wangen.	Hüftschnur	Haare mit Perlen verziert.
„	Ngombe vom Ubangi	1—2 wagrechte Reihen sehr kleiner Narben quer über die Stirne.	Faserschürzchen	Kopf rasiert.
Ababua	Mobenge	Eine wagrechte Reihe kleiner, rundlicher oder länglicher Narben quer über die Stirne; bisweilen außerdem zwei Reihen auf den Wangen.	Stoffschürzchen	Vorderzähne zugespitzt.
Mandjia	(Bonduru)	Fehlend.	Faserschürzchen	
Bwaka	Mondjembo	Fehlend.	Faserrock	Große kupferne Halsringe der Frauen.

Übersichtstabellen.

Lage der Hütten	Bauart der Hütten	Sprache	Zahlwörter 1 5
An einer langen Hauptstraße und mehreren kurzen Querstraßen.	Grundriß rechteckig. Wände aus Rinde oder Holz. Lehmunterbau.	Bantu. Mehrzahl durch Vorsilben.	-modji, -bali, -sato, -ne, -tano.
(In gesonderten Gruppen.)	Grundriß rechteckig. Wände aus Lehm oder Laub.	Bantu. Mehrzahl durch Vorsilben.	-moti, -bali, -satu, -ne, -tanu.
In einer Reihe am Ufer entlang.	Grundriß rechteckig. Wände aus Rinde. Pfahlbauten.	Bantu. Mehrzahl durch Vorsilben.	-motsi, -bau, -satu, -ne, -tane.
(An viereckigen Plätzen)	Grundriß rechteckig. Wände aus Palmblattrippen.	Bantu. Mehrzahl durch Vorsilben.	-moti, -bai, -satu, -ne, -tanu.
In gesonderten Gruppen.	Grundriß kreisrund. Dach kegelförmig. Wände aus Lehm oder Laub.	Bantu. Mehrzahl durch Vorsilben.	-moti, -bali, -salo, -kwángane, obomoti.
An mehreren kurzen Straßen.	Grundriß rechteckig. Wände aus Rinde oder Gras.	Sudanesisch. Mehrzahl ohne Kennzeichen.	Po, boa, tare, nare, moro.
An mehreren kurzen Straßen.	Grundriß rechteckig. Wände aus Palmblattrippen oder Grashalmen.	Sudanesisch. Mehrzahl ohne Kennzeichen.	Bu, bisi, bala, bana, vi.

6*

Gruppe	Stamm	Gesichtstätowierung	Frauen-kleidung	Eigenheiten in der Tracht
Bwaka	Bwaka	Fehlend.	Faserschürzchen	
„	Bánziri	Eine senkrechte Reihe kleiner rundlicher Narben in der Mittellinie der Stirn, oder fehlend.	Hüftschnur	
Banda	Banza	Eine senkrechte Reihe kleiner rundlicher Narben in der Mittellinie der Stirne.	(Blatt)	(Ohrläppchen durchbohrt und ausgedehnt.)
„	Gobu	Fehlend.	(Stoffschürzchen)	Lippen und Nasenscheidewand durchbohrt.
Sango	Sango	Einige große längliche oder rundliche Narben in der Mittellinie der Stirne.	Blatt	Ohrläppchen durchbohrt und ausgedehnt. Haare mit Perlen verziert.
„	Yakoma	Einige große längliche oder rundliche Narben in der Mittellinie der Stirne.	Blatt	Ohrläppchen durchbohrt und ausgedehnt. Haare mit Perlen verziert.
„	Bongo	Einige große längliche oder rundliche Narben in der Mittellinie der Stirne.	Blatt	Ohrläppchen durchbohrt und ausgedehnt. Haare mit Perlen verziert.
„	Mongwandi	Einige große längliche oder rundliche Narben in der Mittellinie der Stirne.	Blatt	Ohrläppchen durchbohrt und ausgedehnt. Haare mit Perlen verziert.
Mondunga	Mondunga	Mehrere wagrechte und einige senkrechte Reihen kleiner Narben auf der Stirne; bisweilen auch einige auf den Wangen.	Hüftschnur	Haare in mehreren Wülsten. Fellhauben der Männer.

Übersichtstabellen.

Lage der Hütten	Bauart der Hütten	Sprache	Zahlwörter 1—5
An mehreren kurzen Straßen oder in gesonderten Gruppen.	Grundriß rechteckig. Wände aus Rinde oder Gras.	Sudanesisch. Mehrzahl ohne Kennzeichen.	Gwa, bisi, bota, biana, vi.
In gesonderten Gruppen.	Grundriß kreisrund. Dach halbkugelig. Wände aus Gras. Fußboden vertieft.	Sudanesisch. Mehrzahl ohne Kennzeichen.	Boka, bisi, bota, bona, vui.
An einer langen Straße	Grundriß kreisrund. Dach halbkugelig. Wände aus Rinde oder Gras.	Sudanesisch. Mehrzahl ohne Kennzeichen.	Vali, bisi, vota, vana, bindu.
(In gesonderten Gruppen.)	Grundriß kreisrund. Dach halbkugelig. Wände aus Gras.	Sudanesisch. Mehrzahl ohne Kennzeichen.	Obali, bisi, vota, vona, mitu.
An einer langen Straße	Grundriß kreisrund. Dach kegelförmig. Wände aus Rinde.	Sudanesisch. Mehrzahl ohne Kennzeichen.	Okó, esé, otá, esio, okú.
An einer langen Straße	Grundriß kreisrund. Dach kegelförmig. Wände aus Lehm.	Sudanesisch. Mehrzahl ohne Kennzeichen.	Ekó, isé, otá, esio, okú.
An einer langen Straße	Grundriß kreisrund. Dach kegelförmig. Wände aus Lehm.	Sudanesisch. Mehrzahl ohne Kennzeichen.	Ekoí, esé, etá, esio, ekú.
An einer langen Straße	Grundriß kreisrund. Dach kegelförmig. Wände aus Lehm oder Rinde.	Sudanesisch. Mehrzahl ohne Kennzeichen.	Ekoí, esé, etá, eshio, ekú.
An einer langen Hauptstraße und mehreren kurzen Querstraßen.	Grundriß rechteckig. Wände aus Rinde oder Holz. Lehmunterbau.	Sudanesisch. Mehrzahl durch Nachsilben.	Vime, bine, melele, ivivi, kabe.

Wörterverzeichnisse
aus den Sprachen der Eingeborenen.

Die hier und auch sonst in vorliegendem Werke angewandte Schreibart der Wörter aus den Sprachen der Eingeborenen weicht in folgenden Punkten von der deutschen ab. Es wird gebraucht y für j, kw für qu, z für weiches s, s für scharfes s, j für weiches sch, sh für scharfes sch*), w für weiches (halbvokalisches, englisches) w, v für hartes (konsonantisches, deutsches) w, ks für x, ts für z. C ist ganz vermieden. Doppellaute sind getrennt auszusprechen. Lange Selbstlaute sind mit einem Dehnungszeichen versehen. Wo kein Betonungszeichen angegeben ist, ruht der Ton auf der vorletzten Silbe. Diese Schreibart stimmt mit der in der belgischen Kongokolonie üblichen überein; jedoch unterdrückt letztere das im Anlaut mancher Wörter vor einem Mitlaute stehende M und N (so Bomu statt Mbomu, Dobo statt Ndobo, Gali statt Ngali), was ich nicht für gerechtfertigt halte.

Sämtliche in nachstehendem Verzeichnis aufgeführten Wörter, mit Ausnahme der der Bangala-Sprache, welche die allgemeine Verkehrssprache am Kongo bildet, habe ich unmittelbar von den Eingeborenen in den betreffenden Dörfern erfragt. Ausdrücke, über deren Richtigkeit ich Bedenken hege, sind eingeklammert; solche, die ein zweiter Gewährsmann aus demselben Dorf anders angab als der erste, sind in den Anmerkungen aufgeführt. Dort sind auch diejenigen Ausdrücke angegeben, von welchen ich vermute, daß sie aus der Zusammensetzung des Wortes, nach dem ich fragte, mit dem Fürworte Mein oder Dein bestehen, denn die Eingeborenen hängen oft diese Fürwörter dem Worte nach dem man fragt an, auch verdoppeln sie häufig das betreffende Wort (z. B. tutu anstatt tu, Speer), um ihrer Aussage größeren Nachdruck zu geben, doch gibt es auch Fälle, wo die Verdopplung allgemein üblich ist.

*) Besser wäre x, wie im portugiesischen, doch ist dies zu wenig gebräuchlich.

Übersichtstabellen.

Stamm Dorf Nächst. Posten	Bangala — Nouvelle-Anvers	Budja Mondunga Mombongo	Mobenge Bopa Mobwasa	(Dundusana)[11] Mongende Dundusana	Mongwandi Mogbógoma Abumombazi
Ein	-oko	-moti	-moti	-moti	ekoí[12])
Zwei	-bali	-bali[1])	-bali	-bali	esé[13])
Drei	-satu	-satu	-salo	-salu	etá
Vier	-nei	-nei[2])	-kwángane	-kwángane	esio
Fünf	-tano	-tanu	esalu[6])	obomoti	ekó
Sechs	motoba	-sámanu	adesu[7])-moti	sasalu	mana
Sieben	nsâmbu	nsâmbu[3])	adesu-mibali	etá-ebali	etá-esio
Acht	mwâmbi	mwâmbi	adesu-misalo	nkwángane-nkwángane	miambi
Neun	libwa	libwa[4])	adesu-nkwángane	obomodji-nkwángane	voni
Zehn	djumi	boétete	ipó[8])	mabó	sui
Auge	liso	disu	lisu	lisu	le
Nase	djôlo	dânga	songo	djôlo	ho
Ohr	litoi	itoi	eteu	litoi	ma
Mund	monoko	monoko	gake	monoko	nyo
Zunge	lolemu	elemi	dada	elemi	menga
Zahn	lino	lino	minu	kilu	te
Haar	munswi	bosue	túate	túati	kwage
Hals	nkingu	doli	kingu	kingu	ngo
Arm	loboko	ebó	ebó	ebó	goti
Finger	mosai	mosasi	nseu	nseu	lití
Brust	ntolo	likuku	ekuba	mpotu	libé
Bauch	libumu	sopo	sopo	sopo	yazo
Bein	lokulu	enama	ebé	ebé	kini
Mann	motu	motu	motu	(motu)	koli[14])
Frau	mwasi	mwadi	nka	nkai	wali[15])
Kind	mwana	mwana[5])	mi[9])	mi	nyi[16])
Häuptling	mokondji	kumu	kumu	mbei	bea
Dorf	mboka	ngandu	ngi	ngi	kodro[17])

Vom Kongo zum Ubangi.

Stamm Dorf Nächst. Posten	Bangala — Nouvelle-Anvers	Budja Mondunga Mombongo	Mobenge Bopa Mobwasa	(Dundusana) Mongende Dundusana	Mongwandi Mogbógoma Abumombazi
Weg	njila	nsia	besi	peshi	tálege
Haus	ndako	ndako	(ebó)	(itoi)	nda
Dach	motondo	moandja	nsonge	nsongwi	pele
Kahn	bwatu	bwatu	elumba	lumba	ngo
Ruder	nkai	kapi	kapi	kapi	kapi
Speer	likongo	likongo	ekonga	ekonga	to[18])
Brennholz	nkuni	libesa	sukiti	begú	wa
Wasser	mai	dua	liba	liba	ngu
Salz	monana	monana	nkwe	nkwe	hingo
Banane	likondo	likondo	eboku[10])	eboku	fondo[19])
Huhn	nsusu	koko	ko	koko	kondo[20])
Ziege	ntaba	meme	meme	meme	ngaza

[1]) oder -ba. [2]) oder -ne. [3]) oder satu-sende. [4]) oder omoti. [5]) Fünf Kinder, bana batanu [6]) oder bumdu. [7]) oder eso. [8]) oder bikwó. [9]) Zwei Kinder, bami babali. [10]) Zwei Bananen, liboku libali. [11]) oder Likwángula. [12]) oder okof. [13]) oder esebu (vielleicht = diese zwei oder seine zwei). [14]) oder nsu. [15]) oder swali. [16]) Zwei Kinder, nyi sebu oder nyi mesé. [17]) Zwei Dörfer, kodro sebu; drei Dörfer, kodro ta. [18]) Zwei Speere, to sebu. [19]) Zwei Bananen, fondo sebu oder fondo se; drei Bananen, fondo etá. [20]) Zwei Hühner, kondo sebu.

Stamm Dorf Nächst. Posten	Mongwandi Ngende Abumombazi	Yakoma Bongombe Yakoma	Sango Mbui Banzyville	Bánziri Beapu Banzyville	Bánziri Unda Mokoange
Ein	nkoi	ko	okó	boka	boka
Zwei	nse	isé	esé	bisi	bisi
Drei	nta	otá	otá	bota	bota
Vier	nshio	esió	esio	bona	bona
Fünf	nku	okú	okú	vui	vui
Sechs	mana	omana	mana	sita	sita
Sieben	masiombeta	basombia	blámbala	nsina	nsírina
Acht	miambi	miambi	miambi	vona-vona	sana
Neun	voli	voli	gumbi	vuna-bona	vuna-bona
Zehn	sui	sui	bareniko	djukwa	sukwa
Auge	le	le	le	da	da
Nase	ho	ho	ho	ma	nyo
Ohr	ma	ma	ma	membi[10])	se
Mund	nyo	nyo	nyo	mo	mo
Zunge	menga	menga	menga	miri	miri
Zahn	te	te	te	te	te
Haar	kwali	li	kwali	nsu	ndju
Hals	ngo	ngu	ngo	ngo	ngo
Arm	goti	ti	ti	samba	mba
Finger	litĩ[1])	litĩ	litĩ	depa	depa
Brust	libé	libé	be	botongo	motongwa
Bauch	ya	nya	ya	pese	nsa
Bein	kuni	kuni	kuni	súbili	gu
Mann	koli[2])	(wa)	koli	wu	(mogobu)
Frau	wali[3])	wali	wali	uru	gurubu
Kind	nyi[4])	molenge	ningambi[7])	fure[11])	fure[11])
Häuptling	mbia	mbia	mbia	mukundji	kobo
Dorf	kodro	kodro	kodro	mba	mba
Weg	tálege	tálege	gege[8])	gwazi	gwazi
Haus	nda	nda	nda	tete	tete
Dach	bango	piri	keke	bendje	na
Kahn	ngo	(te)	ngo	ga	ga

Stamm Dorf Nächst. Posten	Mongwandi Ngende Abumombazi	Yakoma Bongombe Yakoma	Sango Mbui Banzyville	Bánziri Beapu Banzyville	Bánziri Unda Mokoange
Ruder	kapi	mbi	mbi	kai	kai
Speer	tu[5])	tu[6])	tu	to	to
Brennholz	ta	li	wa	na	wa
Wasser	ngu	ngu	ngu	bali	bali
Salz	hingo	nyingo	ingo	keka	(to)
Banane	fondo	(kondo)	fondo[9])	ndo	ndo
Huhn	kondo	(mpi)	kondo	si	koko
Ziege	ngaza	ngasa	ngaza	bere	bere

[1]) Zwei Finger, litì se. [2]) oder wa. [3]) oder ya. [4]) Mein Kind, nyimbi; meine Kinder, ayambi; ähnlich: meine Frau, yambi; meine Frauen, awimbi; mein Sklave, mbetembi; meine Sklaven, ambetembi. [5]) Mein Speer, tu tembi; dein Speer, tu tembia; sein Speer, tu telo; unsere Speere, tu elu; euere Speere, tu esu; ihre Speere, tu iká; viele Speere, tu sini; ein großer Speer, tu kutali; ein kleiner Speer, tu nkiki. [6]) Zwei Speere, tu se. [7]) Wahrscheinlich ni oder ninga = Kind, ningambi = mein Kind. [8]) oder lege. [9]) Zwei Bananen, fondo ese. [10]) Wahrscheinlich me = Ohr, membi = mein Ohr. [11]) Zwei Kinder, fure bisi.

Übersichtstabellen. 91

Stamm Dorf Nächst. Posten	Gobu Lele Mokoange	Banza — Banzyville	Banza Bango Libenge	(Bonduru) Bómbula Libenge	Bwaka Bongekete Libenge
Ein	obali	bubali[5])	vali	po	gwa
Zwei	bisi	bisi[6])	bisi	boa	bisi
Drei	vota	vota	vota	tare	ota
Vier	vona	vana[7])	vana	nare	biana
Fünf	mitú	mindu[8])	bindu	moro	vi
Sechs	siti	ngázara[9])	ngázara	moro-po	sita
Sieben	mobisi	ngázara-mabali	ngázara-mabali	moro-liboa	sítana
Acht	mavuta	bérede	mbíriri	kénare	siena
Neun	mavona	bérede-mabali	mbíriri-mabali	kénare-bínare	vina
Zehn	plafu	mufu	bufu	bu	sukwa
Auge	la[1])	lala	tala	bali[26])	djila[30])
Nase	o[2])	mumo[10])	nyu[24])	nso	hunu[31])
Ohr	tu	tutu[11])	titu	nsaru[27])	nse
Mund	ma	mama[12])	mama	nu	mo
Zunge	tima	—	itimbi	leñ[28])	mli
Zahn	isi	sisi[13])	sisi	nini	ti
Haar	li	—	nsuku	(vuni-sui)	nsue
Hals	ngi	gege	gigi	ngeru	ngro
Arm	liboko	nini	kakangi	baka	kwanga
Finger	yátina	—	tátane	suku	nsu
Brust	lesu	bakolo[14])	koro	ngudu	kama
Bauch	selingi	—	tshítshili	samu	bu
Bein	ku	yoko[15])	kuku	ngúruku	nku
Mann	sokoli	yakosi	nso	yuli	bako
Frau	yilu[3])	yesi[16])	yasi	yuku[29])	luse
Kind	bemulenge	yabisi[17])	yabisi	mbe	suse
Häuptling	mukundji	—	yanasa	mwa	gwasi
Dorf	kódroma	—	(ndanda)	li	gwa
Weg	wa	—	mbizi	lege	tukwe
Haus	plida	ndanda[18])	ndanda	twa	nti

Stamm Dorf Nächst. Posten	Gobu Lele Mokoange	Banza — Banzyville	Banza Bango Libenge	(Bonduru) Bómbula Libenge	Bwaka Bongekete Libenge
Dach	yeyó	—	yeyo	nso	ngondji
Kahn	ngo	—	ngongo	nga	nga
Ruder	kai	—	manga	nkai	kai
Speer	du	ndudu[19]	tutu	sere	tu
Brennholz	wo	—	wo	mbua	wa
Wasser	ngu	ngu[20]	ngungu	li	ngu
Salz	imbri	mbele[21]	mberembere	nto	nto
Banane	gwa[4]	mamba[22]	amba[25]	mbo	ndjo[32]
Huhn	ngatu	ngoto[23]	ngoto	koyo	ngo
Ziege	mangwa	nyáboru	yáboru	tua	ble

[1] látebi wahrscheinlich = dein Auge. [2] ótibi wahrscheinlich = deine Nase. [3] Zwei Frauen, yilu bisi. [4] Zwei Bananen, gwa bisi. [5] oder ma. [6] oder ba. [7] oder mwana. [8] oder mungu. [9] oder ngaza. [10] oder u. [11] oder komo. [12] mamasa wahrscheinlich = dein Mund. [13] oder ikisi. [14] oder ukote. [15] oder dada. [16] oder yasesi, auch mámaka. [17] Viele Kinder, yabisi kwali. [18] oder nda. [19] oder nduba. [20] oder ngungu. [21] oder garanga. [22] Zwei Bananen, mamba ba. [23] oder mátara. [24] nyumi wahrscheinl. = meine Nase. [25] Zwei Bananen, amba bisi. [26] oder ba. [27] nsárui wahrscheinlich = dein Ohr. [28] léflvi wahrscheinlich = deine Zunge. [29] Zwei Männer, yuku boa. [30] djílavu wahrscheinlich = mein Auge. [31] hunvu wahrscheinlich = meine Nase, ebenso nsevu = mein Ohr usw. [32] Fünf (oder meine fünf) Bananen, ndjubu vi.

Übersichtstabellen.

Stamm Dorf Nächst. Posten	Bwaka Bonsoí Libenge	Mondjembo Motengi Libenge	Ngombe Lifakini Libenge	Ngombe Musumbuma Libenge	Lubala — Imese
Ein	ba[1])	bu	-moti	-modji	-mo
Zwei	bisi	bisi	-bai	-ba	-bali
Drei	bata	bala	-satu	-satu	-atu
Vier	biana	bana	-ne	-ne	-ne
Fünf	evi	vi	-tanu	-ta	-tano
Sechs	esita	sita	-sámanu	-sámanu	motoba
Sieben	sitana	siena	nsâmbwa	nsâmu	nsâmbu
Acht	esenda	sena	mwâmbi	mwâmi	mwâmbi
Neun	vina	wena	ibua	libua	libua
Zehn	shukwa	djokwa	djumi	dumi	likó
Auge	ndjila	nsola	liso	liso	liyu[10])
Nase	hu[2])	nu	dânga	nânga	djôlo
Ohr	se	se	itoi	litoi	litú[11])
Mund	kumu	mo	monoko	monoko	monoko
Zunge	mni	mi	yimi	demi	bolemu
Zahn	te	ti	mino	dinu	minu
Haar	nsuso	sinso	nsui	nsue	nsue
Hals	glo	ngu	doli	doli	nkingu
Arm	bla	mbe	ebó	ebó	liboko
Finger	suku	lekwe	sapi	sapi	esé[12])
Brust	kma	ngobo	pupa	bupa	nguba[13])
Bauch	bu	bu	sopo	sopo	libumu
Bein	ku	gu	ekó	ebé	ekolu
Mann	boale	wo	motu[6])	moto	motu[14])
Frau	lose[3])	wose	wali	mwali	mwali
Kind	bole	ngopye[4])	yenge[7])	mwana	mwana
Häuptling	akwasere	mevo	mokondji	musuku	munanga
Dorf	maka	mba	ngandu	ngandu	mboka
Weg	dokme	base	ndjia	ndjea	njila
Haus	te	djití	ndako	ndako	ndako
Dach	mobongo	kala	ndonga	ndonga	wanza
Kahn	ga	ga	bwatu	bwatu	watu

Stamm Dorf Nächst. Posten	Bwaka Bonsoí Libenge	Mondjembo Motengi Libenge	Ngombe Lifakini Libenge	Ngombe Musumbuma Libenge	Lubala — Imese
Ruder	kai	manga	kai	mwanga	nka
Speer	to	benga[5])	likongo[8])	likongo[9])	likongo[15])
Brennholz	wa	wa	bisa	mosa	nku
Wasser	ngo	ngo	madiba	madiba	ma
Salz	ndo	ntu	mokwa	mukwá	mokwa
Banane	mbo	ndo	makondo	makondo	meka
Huhn	ngo	si	koko	koko	koko
Ziege	ble	mu	gámbili	kámbili	nkambi

[1]) oder kwa. [2]) hunya wahrscheinlich = deine Nase, ebenso senya = dein Ohr usw. [3]) Zwei Frauen, lose bisi. [4]) Zwei Kinder, ngopye bisi. [5]) Zwei Speere, benga bisi. [6]) Zwei Männer, batu babai. [7]) Zwei Kinder, benge babaí oder benge babá. [8]) Zwei Speere, makongo mabaí. [9]) Zwei Speere, makongo mabá. [10]) oder liso. [11]) oder itoi. [12]) oder esei. [13]) oder ntolu. [14]) Zwei Männer, batu babali. [15]) Zwei Speere, makongo mabali.

Ergänzendes Wörterverzeichnis
aus der Sprache der Mobenge von Bopa bei Mobwasa.

Stirn, bata. Augenbraue, ki. Wimper, kuni. Wange, mambomo. Lippe, (lingaka). Kinn, lingako. Bart, nde. Kehle, lili. Schulter, embeká. Hand, likondjo. Nagel, insaka. Faust, mbumu. Busen, mabene. Rücken, ngongo. Wade, mbo. Fuß, etindi. Zauberer, bui. Zaun, nkutu. Schild, nguba. Draht, kongo. Stoff, etú. Klafter, eboku; zwei Klaftern, liboku libali. Fisch, embange. Baum, basu. Blatt, kase. Rinde, dibá. Maniok, goso. Mais, bamu. Erde, doti. Regen, mbue. Groß, (ngi). Klein, (ngiu moti). Gut, kwansi. Schlecht, enjé. Viel, nsia. Alles, basu. Oben, lola. Unten, doti. Ja, ue. Nein, kwaka. Schwitzen, (mpata). Lachen, toti. Weinen, ngamu. Schlagen, ntumi. Brechen, nguni. Waschen, esusá. Kaufen, pengi. Tanzen, yango. Herkommen, bia. Weggehen, ngebana.

Zeitwörter.

Beim Abfragen von Zeitwörtern können leichter Mißverständnisse vorkommen, als bei Haupt- oder Zahlwörtern; ich gebe daher nachstehende Tabelle nur unter Vorbehalt.

Stamm Ort	Bangala Nouv. Anvers	Budja Monćunga	Mobenge Bopa	(Dundusana) Mongende	Mongwandi Mogbogoma	Mongwandi Abumombazi	Yakoma Yakoma	Sango Banzyville
essen	kulia	ekakelu	elí	(nyiba yau)	bidiá	bité	te	teté
trinken	kunua	ekanunge	(liba)	banó liba	binyó	minyó	(ngu)	nyongu
schlafen	kulala	ekasami	totí	nau angesi	(bisetise)	bilalango	lango	bilalango
fallen	kukita	(likobo)	agunasi	nagwa	tusite	biseti	atise	biti
tragen	kutomba	(kawalu)	(nsongo)	nkumbe	mandókoli	bambu	abogo	ebú
werfen	kubwaka	ekamalu	amaitu	bamata	biteke	bikana	agana	ganagrango
ziehen	kubenda	ekasui	ko	tokó	apaso	bitoki	abogongo	nyo
schneiden	kutena	ekakese	lusasa	tesasa	nfago	biú	afafango	klini
kratzen	kukwata	ekanalo	njotó	(ebenoto)	bikwata	nsala	akwátere	baterembi
fegen	kukombo	ekambo	basa	bekwadi	biyondo	yo	yoyongo	nyorombo

Anhang.

I. Erläuterungen zu den Lichtdrucktafeln.

Tafel 1. Am Ufer des Stanley-Pool bei Kinshasa. Zwei Affenbrodbäume *(Adansonia digitata L.)*, der eine mit Früchten behangen. Auf der Rückreise, anfangs April aufgenommen.

Tafel 2. Am Ufer des Stanley-Pool bei Kinshasa. Fortsetzung des vorigen Bildes nach rechts.

Tafel 3. Ein Affenbrodbaum in Kinshasa.

Tafel 4. Ein Affenbrodbaum in Kinshasa.

Tafel 5. Der Posten Mandungu. Vom gegenüberliegenden linken Ufer des Itimbiri-Flusses aus gesehen. Der Posten ist von einem Stangenzaun umgeben, hinter welchem sich Bananenpflanzungen den Hügel hinanziehen. Auf der Höhe einige Arbeiterhütten.

Tafel 6. Der Posten Mandungu. Von der Anhöhe oberhalb desselben gesehen. Man überblickt den Posten, den Itimbiri-Fluß, eine bewaldete Insel und am andern Ufer ein Budja-Dörfchen, hinter welchem sich weite Waldflächen ausbreiten.

Tafel 7. Der Posten Mandungu. Von den Pflanzungen oberhalb desselben gesehen.

Tafel 8. Der Itimbiri-Fluß bei Mandungu. Abfahrt von Booten, welche Waren für den Uele-Distrikt nach Ibembo führten. Vom Posten aus gesehen. Momentaufnahme.

Tafel 9. Ein Kautschukbaum in Mandungu. Ein Ire-Baum *(Funtumia elastica Stapf)* mit Früchten.

Tafel 10. Im Mobenge-Dorfe Bobwesi bei Mobwasa. Eine der Häusergruppen, aus welchen das Dorf besteht. Die Hütten haben Lehmwände und sind mit Laub gedeckt.

Tafel 11. Der Posten Mobwasa. Im Vordergrund eine Bananenpflanzung.

Tafel 12. Waldrodung bei Mobwasa. Der Wald war behufs Anlage einer Kautschukpflanzung gefällt worden.

Tafel 13. In einer Waldrodung bei Mobwasa. Im Vordergrund ein umgestürzter, hohler Baumstamm.

Tafel 14. Im Mobenge-Dorfe Bopa bei Mobwasa. Im Vordergrunde links eine Hütte von der hier häufigsten Form, daneben ein Termitenbau, eine Banane und mehrere Manioksträucher; rechts eine unfertige Hütte. Im Hintergrunde links mehrere Sonnenschirmbäume *(Musanga Smithii R. Br.)*

Tafel 15. Wandzeichnungen im Dorfe Bopa bei Mobwasa. Sie stellen größtenteils Menschen und Tiere vor. Die Wand der Hütte ist aus Lehm, das Dach ist mit Laub gedeckt.

Tafel 16. Mobenge-Männer aus Bopa bei Mobwasa. Rechts der Häuptling, mit einer europäischen Uniform bekleidet.

Tafel 17. Mobenge-Träger aus der Umgebung von Mobwasa. In der Mitte ihr Anführer, der Stellvertreter des Häuptlings von Bopa.

Tafel 18. Im Mobenge-Dorfe Boguge bei Mobwasa. Eine der Häusergruppen, aus welchen das Dorf besteht. Die Hütten liegen am Rande eines runden, von gefällten Baumstämmen umsäumten Platzes.

Tafel 19. Mein Zelt im Walde bei Boguge. Die Träger lagerten seitlich davon.

Tafel 20. Im Budja-Dorfe Mondunga bei Mombongo. Kurz vor unserem Abmarsche. Links Eingeborene des Dorfes, rechts einige meiner Träger aus Mobwasa. Im Vordergrunde zwei meiner Koffer, zum Tragen in Rindenstreifen eingeschnürt, deren obere Schlinge über die Stirne gelegt wird, während der Koffer auf dem Rücken des Trägers ruht.

Tafel 21. Eine Hütte im Dorfe Mondunga bei Mombongo. Die Wände der Hütte sind aus Lehm und mit Linienornamenten in roter und schwarzer Farbe auf weißem Grunde verziert. Das Dach ist mit Laub gedeckt und vorne durch vier Baumstämme gestützt.

Tafel 22. Mobenge-Träger im Posten Mombongo. Meine

Träger aus Mobwasa nach unserer Ankunft in Mombongo. Einer von ihnen (der 16. von links) trägt eine Laute, ähnlich der auf Tafel 101 abgebildeten. Im Hintergrunde das Wohnhaus des Postenvorstehers.

Tafel 23. Ein Wohnhaus im Posten Mombongo. Das Haus, in welchem ich während meines dortigen Aufenthaltes wohnte. Vor demselben zwei junge Ölpalmen und zwei Aloe-Pflanzen, hinter demselben Bäume mit Vogelnestern an den Zweigspitzen. Das Dach ist mit Palmblättern gedeckt. Das Haus enthält zwei große Zimmer, vier kleine Lagerräume und eine große, zwischen und vor den Zimmern sich ausbreitende Veranda. Es hat folgenden Grundriß:

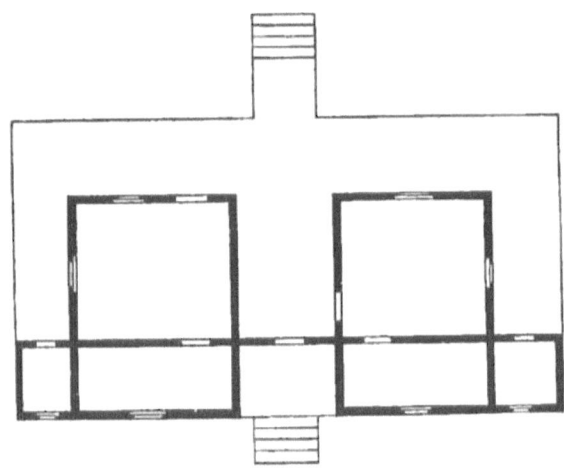

Tafel 24. Am Waldessaume bei Mombongo. Im Vordergrund ein breiter, von Manioksträuchern eingesäumter Weg, dahinter der Urwald, in welchem einige Sonnenschirmbäume *(Musanga Smithii* R. Br.*)* durch ihre großen, gefingerten Blätter auffallen.

Tafel 25. Brücke über den Ngali-Bach bei Mombongo.

Tafel 26. Im Mabali-Dörfchen Bingbe bei Mombongo. Die Wände der Hütten sind aus gespaltenen Palmblattrippen hergestellt.

Tafel 27. Am Moturu-Flusse. Unmittelbar oberhalb der Einmündung des Mokabe-Flüßchens. Am Ufer Bambu-Palmen *(Raphia)*. Im Vordergrunde Ruderer aus dem Stamme der Mabali.

Tafel 28. Im Dorfe Mongende bei Dundusana. Die Wände der Hütten sind aus gespaltenen Palmblattrippen hergestellt, das Dach ist mit Scitamineen-Blättern gedeckt. Rechts ein Teil meines Zeltes, daneben ein Schutzdach, unter welchem Maiskolben liegen.

Tafel 29. Eingeborene von Mongende bei Dundusana. In der Mitte der aus Dundusana stammende Häuptling in einem Lehnstuhle sitzend, europäisch gekleidet und einen als Häuptlingsabzeichen dienenden Fliegenwedel in der Hand haltend; weiter links sein Stellvertreter (verwischt), dann ein junger Mann mit der Gesichtstätowierung der Mobenge, daneben ein älterer mit der Tätowierung der Mongwandi und mit einer Fellmütze auf dem Kopfe.

Tafel 30. Der Häuptling von Mongende bei Dundusana und sein Stellvertreter. Der im Vordergrunde sitzende Häuptling trägt die Tätowierung der Mabali und Maginza, sein neben ihm stehender Stellvertreter (capita) die der Mongwandi. Von den hinter ihnen stehenden Eingeborenen des Dorfes haben zwei (rechts) die Tätowierung der Mobenge, die übrigen die der Mongwandi.

Tafel 31. Scitamineen-Dickicht bei Mogbógoma.

Tafel 32. Hauptgebäude des verlassenen Postens Mogbógoma. Derselbe liegt etwa 50 Kilometer östlich von Abumombazi.

Tafel 33. Mongwandi-Männer aus der Umgebung von Mogbógoma. Der in der Mitte stehende Mann trägt einen mit Perlen verzierten Kinnbart.

Tafel 34. Das Mongwandi-Dorf Mbui bei Mogbógoma. Der Name des Dorfes wird auch oft Mombui ausgesprochen. Vor dem Schutzdach in der Mitte des Bildes ein Spielbrett.

Tafel 35. Hütten in Mbui bei Mogbógoma. Rechts eine Hütte aus Laub mit einer Rindentür, in der Mitte eine Lehmhütte, links eine im Bau begriffene Hütte, der noch das Dach fehlt, dahinter eine rechteckige Lehmhütte mit Wandzeichnungen, welche Menschen darzustellen scheinen.

Tafel 36. Eine Hütte aus der Umgebung von Mogbógoma. Links von der Tür ein Messer und ein Besen.

Tafel 37. In einem Mongwandi-Dorfe bei Mogbógoma. Man sieht rechts mehrere europäische Lehnstühle, in der Mitte einen einheimischen Schemel, links Körbe, Töpfe und Maiskolben.

Tafel 38. Mongwandi-Leute in einem Dorfe bei Mogbógoma. Der zweite Mann von links trägt statt des sonst üblichen Rindenstoffes eine europäische Flanelldecke zwischen den Schenkeln, was öfters vorkommt.

Tafel 39. **Mongwandi-Leute aus der Umgebung von Mogbógoma.** Der Mann im Vordergrund ist mit einem Stücke Rindenstoff bekleidet, das zwischen den Beinen durchgezogen ist und durch einen geflochtenen Gürtel festgehalten wird. Es ist dies die gewöhnliche Bekleidungsart der Männer in meinem Reisegebiet.

Tafel 40. **Mongwandi-Leute aus der Umgebung von Mogbógoma.** Die Frauen tragen ein Stück Bananenblatt unter der Hüftschnur, wie es bei den Mongwandi-Frauen fast allgemein üblich ist. In die Haare sind Perlen eingeflochten.

Tafel 41. **Mongwandi-Frauen aus der Umgebung von Mogbógoma.** Dieselben wie auf dem vorigen Bilde.

Tafel 42. **Unser Lager im Walde bei Abumombazi.** Links im Vordergrund ein Moskitonetz, welches einer von den Trägern für sich aufgespannt hatte. Dahinter ein Teil meines Zeltes.

Tafel 43. **Ein Wohnhaus im Posten Abumombazi.** Das Haus des Sektorenvorstandes. Vor demselben einer der drei Weißen des Postens.

Tafel 44. **Ein Mongwandi-Dorf bei Abumombazi.** Rechts im Vordergrund ein zum Bau einer Hütte vorbereitetes Dach.

Tafel 45. **Mongwandi-Frauen in einem Dorfe bei Abumombazi.** Bei fast allen beschränkt sich die Bekleidung auf ein Stück Bananenblatt, das die meisten zwischen den Oberschenkeln eingeklemmt, einige aber um die Hüften gebunden tragen.

Tafel 46. **Ein Mongwandi-Dorf bei Abumombazi.**

Tafel 47. **Mongwandi-Frauen und -Kinder in einem Dorfe bei Abumombazi.** Am Boden liegen Erdnüsse.

Tafel 48. **Mongwandi-Frauen aus der Umgebung von Abumombazi.**

Tafel 49. **Mongwandi-Frauen aus der Umgebung von Abumombazi.** Zum Teil dielben wie auf dem vorigen Bilde.

Tafel 50. **Teil eines Mongwandi-Dorfes bei Abumombazi.** Die Hütten haben Lehmwände und sind mit Laub oder Gras oder beidem zusammen gedeckt. Dahinter Bananen und Ölpalmen.

Tafel 51. Teil eines Mongwandi-Dorfes bei Abumombazi. Fortsetzung des vorigen Bildes nach rechts. Unter dem mit Palmblättern gedeckten Schutzdache in der Mitte des Bildes zwei Betten, ein runder Schemel, ein Topf und ein Huhn. Vor der Hütte rechts mehrere Töpfe, ein Besen und ein Korb. Im Vordergrunde rechts eine fruchttragende Banane, links der Strunk einer abgehauenen Ölpalme.

Tafel 52. Mongwandi-Leute in einem Dorfe bei Abumombazi. Im Hintergrunde viele Ölpalmen.

Tafel 53. In einem Mongwandi-Dorfe bei Abumombazi. Vor dem ersten Schutzdache rechts ein Bett und ein Spielbrett, vor dem zweiten ein Bett und europäischer Lehnstuhl. Hinter den Hütten Bananen und Ölpalmen.

Tafel 54. Geisterhütte in einem Mongwandi-Dorfe bei Abumombazi. An derselben hängen Stücke Stoff als Weihgeschenke. Weiter vorne noch ein anderer Fetisch aus zusammengebundenen Stäben.

Tafel 55. Mongwandi-Leute aus der Umgebung von Abumombazi. Im Vordergrunde ein Mann mit reicher Tätowierung; am oberen Teile seiner Brust ist eine Blume dargestellt.

Tafel 56. Ein Tanz der Mongwandi von Abumombazi. Die tanzenden Männer sind auf der rechten Seite des Bildes zu sehen. Sie bewegten den Kopf ruckweise hin und her und beugten sich dabei allmählich immer tiefer hinab.

Tafel 57. An der Grenze des Graslandes bei Abumombazi. Im Vordergrunde Gras, dahinter Gebüsch und niedriger Wald, welche den Übergang vom Urwald zur Savanne bilden.

Tafel 58. Eingeborene des Dorfes Gugo bei Yakoma. Dieses Dorf liegt südlich von Yakoma ungefähr auf der Wasserscheide zwischen den Flüssen Ubangi und Mongala. Seine Bewohner dürften zum Stamme der Bongo gehören, welcher mit den Yakoma, Sango und Mongwandi nahe verwandt ist. Der im Hintergrunde sichtbare Zaun grenzt den für die Leute der Weißen abgesonderten Raum von dem übrigen Dorfe ab.

Tafel 59. Im Dorfe Ndonga bei Yakoma. Die rechteckige Hütte im Vordergrunde links ist wahrscheinlich den Arbeiterhütten der Weißen nachgeahmt.

Tafel 60. Im Dorfe Ndonga bei Yakoma. Links im Vordergrunde mehrere Geistsrhüttchen, welche eine Gesträuchgruppe umgeben. Vor der Hütte rechts mehrere unfertige Körbe.

Tafel 61. Hütte und Fetisch im Dorfe Ndonga bei Yakoma. Der Fetisch besteht aus sechs Stäben, welche oben und in der Mitte geschwärzt und mit weißgefärbten Einkerbungen versehen sind.

Tafel 62. Eingeborene des Dorfes Ndonga bei Yakoma. Sie gehören wahrscheinlich zum Stamme der Bongo, welcher mit den Sango, Yakoma und Mongwandi nahe verwandt ist. Die Hütte dürfte den Arbeiterhütten der Weißen nachgebildet sein, da sonst in dieser Gegend Rundhütten üblich sind. Links derselbe Fetisch wie auf der vorigen Tafel.

Tafel 63. Eingeborene des Dorfes Ndonga bei Yakoma. Zum Teil dieselben wie auf dem vorigen Bilde.

Tafel 64. Grasland bei Yakoma. In der Nähe des Dorfes Ndonga. Gegen Ende der Trockenzeit. Mehrere Ölpalmen.

Tafel 65. Grasland bei Yakoma. In der Nähe des Dorfes Ndonga. Gegen Ende der Trockenzeit aufgenommen.

Tafel 66. Der Uele-Fluß bei Yakoma. Während der Trockenzeit. Vom oberen Ende des Postens aus gesehen.

Tafel 67. Gebäude des Postens Yakoma. Im Hintergrunde der Uele-Fluß. Die weißgestrichenen Pfähle dienen zum Schutze für junge Bäumchen.

Tafel 68. Ein Dorf bei Yakoma. Zur Zeit des Wochenmarktes, welcher hinter der Einzäunung stattfindet und auf welchen sich auch die nächsten vier Tafeln beziehen. Rechts der Uele-Fluß und die Boote der Marktbesucher. Das Dorf liegt wenige Minuten unterhalb des Postens.

Tafel 69. Boote von Marktbesuchern bei Yakoma. Sie haben vier Querhölzer und flache Schnäbel. In den meisten liegen Bananen.

Tafel 70. Ein Wochenmarkt bei Yakoma.

Tafel 71. Ein Wochenmarkt bei Yakoma. In der Mitte Ignamen- (Yams-)knollen, Maniokwurzeln und Bananenfrüchte.

Tafel 72. Yakoma-Frauen vom Markte heimkehrend. Die Frau in der Mitte trägt, wie es bei den Frauen der Yakoma und ihrer Nachbarn üblich ist, ein Stück Bananenblatt zwischen den Schenkeln, welches vorne durch die Hüftschnur festgehalten wird und hinten hervorragt.

Tafel 73. Ein Sango-Dorf bei Banzyville. Rechts erblickt man eine steinige Landzunge, hinter welcher der belgische Posten Banzyville unter Bäumen verborgen liegt. Gegenüber auf dem rechten Ufer des Ubangi der französische Posten Mobaye, dazwischen die Stromschnellen.

Tafel 74. Sango-Mädchen in einem Dorfe bei Banzyville. Sie tragen Glasperlen in den Haaren und um den Hals, Messingringe an den Armen und Beinen und eine dünne Schnur um die Hüften. Einige von ihnen, welche auch auf der nächsten Tafel abgebildet sind, tragen falsche Haare. Das Dorf liegt unmittelbar oberhalb des Postens.

Tafel 75. Sango-Mädchen mit falschen Haaren. Die falschen Haare bestehen aus Schnüren von Palmblattfasern. In ihrem oberen Teile, wo sie an den echten Haaren befestigt sind, sind sie mit Perlen verziert; ihre unteren Enden sind zu einem Ballen zusammengerollt, welcher von einem Netz umschlossen ist und an einem über die Schulter verlaufenden Fellstreifen getragen wird.

Tafel 76. Im Dorfe Kasenge bei Banzyville. Im Hintergrunde der Ubangi-Fluß oberhalb des Postens. An der zweiten Hütte von rechts lehnt ein umgestürztes Bett. Die Bewohner des Dorfes sollen zum Stamme der Nsákara gehören und aus dem Norden eingewandert sein, doch bemerkte ich keinen Unterschied zwischen ihnen und den umwohnenden Sango.

Tafel 77. Im Dorfe Kasenge bei Banzyville. Ein anderer Teil des Dorfes mit der Aussicht gegen das Binnenland.

Tafel 78. Geisterhütten im Dorfe Kasenge bei Banzyville. An der größeren lehnt ein Brett und hängen Töpfe. Sie ist von Bananen und jungen Wollbäumen *(Ceiba pentandrum* Gaertn.*)* beschattet.

Tafel 79. Im Bánziri-Dorf Unda bei Mokoange. Das Dorf Unda liegt mehr als hundert Kilometer oberhalb Mokoange am Ufer des Ubangi, der im Hintergrunde des Bildes sichtbar ist.

Tafel 80. Im Bánziri-Dorf Unda bei Mokoange.

Tafel 81. Der Posten Mokoange. Rechts ein Arm des Ubangi-Flusses und eine Insel. Im Vordergrund aufgehackte, noch unbebaute Erde.

Tafel 82. In einem Bwaka-Dörfchen bei Mokoange. Im Vordergrunde links Sorgo-Rispen. Rechts von der Hütte ein Korb, dahinter die Savanne.

Tafel 83. In einem Bwaka-Dörfchen bei Mokoange. Dieselbe Hütte wie auf der vorigen Tafel. Mehrere Eingeborene, einer davon auf einem mit einer Nackenstütze versehenem Bette sitzend.

Tafel 84. In einem Bwaka-Dörfchen bei Mokoange. Im

Vordergrunde rechts ein Getreidespeicher. Links fünf Frauen, welche Sorgo dreschen und eine, welche die Körner in einem Mörser zermalmt. Auf dem Dache der Hütte ein umgestürzter Korb von einer weit verbreiteten Form.

Tafel 85. **Fetische vor einer Bwaka-Hütte bei Mokoange.** Die Bauart der Hütte ist wahrscheinlich durch die Weißen beeinflußt, da die Bwaka sonst Gras- oder Laubhütten bauen. An der Lehmwand lehnt ein umgestürztes Bett. Vor demselben ein Huhn.

Tafel 86. **Die Stromschnellen des Elefanten bei Mokoange.** Am rechten Ufer des Ubangi oberhalb der Stromschnellen aufgenommen.

Tafel 87. **Die Stromschnellen von Zongo.** Am linken Ufer des Ubangi unterhalb der Stromschnellen aufgenommen. Links zum französischen Posten Bangui gehörige Häuser. Im Vordergrund Ufersand.

Tafel 88. **Im Posten Libenge.** Das Wohnhaus des Distrikt-Kommissärs.

Tafel 89. **Der Kommissär des Ubangi-Distriktes mit Waisenkindern.** Herr J. Sauber vor seiner Heimreise, auf welcher er die Kinder nach Boma führte, wo sie erzogen werden sollten. Im Hintergrunde junge Ölpalmen.

Tafel 90. **Im Bwaka-Dörfchen Bongekete bei Libenge.** Die Wände der Hütten bestehen aus Gras oder Laub, das Dach ist mit Palmblättern gedeckt. Im Vordergrund ein Holzklotz, im Hintergrunde der Ubangi.

Tafel 91. **Im Ngombe-Dörfchen Lifakini bei Libenge.** Die Hütten liegen an drei Seiten eines viereckigen Platzes.

Tafel 92. **Im Ngombe-Dörfchen Lifakini bei Libenge.** Fortsetzung des vorigen Bildes nach links.

Tafel 93. **Ngombe-Leute in Lifakini bei Libenge.**

Tafel 94. **Ein Ngombe-Ehepaar aus der Umgebung von Libenge.** Die Frau trägt auf der Stirne zwei Querreihen ganz kleiner Narben. Sie ist mit einem Schürzchen aus Palmblattfasern, welche zu Schnüren zusammengedreht sind, bekleidet. Darüber trägt sie noch eine Perlenschnur. Außerdem trägt sie Perlenschnüre um die Brust und den Kopf und Messingdraht um die Beine gewunden. Der Mann ist mit einem Anzug aus europäischem Stoffe bekleidet.

Tafel 95. **Im Mondjembo-Dorfe Gunda bei Libenge.** Die

Wände der Hütten bestehen aus Baumzweigen und Laub. Auf der Hütte links ein Korb.

Tafel 96. Im Mondjembo-Dorfe Motengi bei Libenge. Etwa 50 Kilometer unterhalb Libenge gelegen. Rechts eine Hütte mit unfertigem Dache.

Tafel 97. Mondjembo-Frauen in Motengi. Sie tragen Faserröckchen, welche aus Palmblattfasern bestehen, die zu Schnüren zusammengedreht sind, sowie große kupferne Halsringe (Siehe Tafel 113.)

Tafel 98. Der Ubangi-Fluß bei Ndongo. Ndongo (Dongo) ist ein aufgegebener Posten, welcher auf einer kleinen Anhöhe am linken Ufer des Ubangi zwischen Libenge und Imese gelegen ist.

Tafel 99. Im Lubala-Dorfe Mokolu bei Imese. Die Hütten sind in Längsreihen aneinandergebaut und haben nach der Straße zu eine vor dem geschlossenen Raum der Hütte sich hinziehende, nach vorn offene, laubenartige Veranda. Auf den Dächern liegen Fischreusen.

Tafel 100. Im Ngiri-Dorf Endjondu bei Imese. Etwa 50 Kilometer unterhalb Imese gelegen.

Tafel 101. Stab, Laute und Messer der Mobenge, Schwert der Budja. Das Schwert stammt aus dem Dorfe Mondunga südlich von Mombongo, die übrigen Gegenstände aus der Umgebung von Mobwasa. Der Stab, wahrscheinlich ein Häuptlingsabzeichen, ist 93 Zentimeter lang, mit Kupferdraht umwunden und mit Messingnägeln europäischen Ursprungs verziert. Das Musikinstrument, welches man eine Laute oder einen musikalischen Bogen nennen kann, ist aus Holz und mit zwei aus Palmbast hergestellten Saiten und einer hohlen Kürbishälfte, welche als Schallboden dient, versehen. Musikinstrumente von dieser Form kommen auch in anderen Teilen des Kongogebietes vor. Das Schwert hat einen hölzernen Griff, ebenso das Messer; bei letzterem ist er mit Messingdraht verziert.

Tafel 102. Schilde der Budja. Aus Palmrohr geflochten. Der größere ist 98 Zentimeter lang und 36 Zentimeter breit, der kleinere 80 Zentimeter lang und 30 Zentimeter breit.

Tafel 103. Schilde der Budja. Dieselben wie auf der vorigen Tafel, von innen gesehen. Die Handhabe ist aus Holz.

Tafel 104. Gebrauchsgegenstände der Mongwandi. Sie stammen sämtlich aus Abumombazi. Oben Bogen und Pfeile, mit welchen die Kinder auf Vögel schießen. Der Bogen ist samt seiner Sehne aus Palmblattrippen hergestellt, die Pfeile sind ganz aus Holz und an der durch Feuer gehärteten Spitze mit ringsherumlaufenden Einkerbungen versehen; an ihrem andern Ende ist ein Blattstück eingeklemmt. Links ein aus rotgefärbten Palmblattfasern geflochtener Männergürtel, daneben (verkehrt aufgehängt) ein Männerhalsband aus Schlangenhaut, mit Draht und Nägeln verziert. In der Mitte eine mit Perlen, Draht und Holzstückchen verzierte dreifache Frauenhüftschnur, daneben ein Fliegenwedel, aus einem Antilopenschweif mit Holzgriff bestehend. Rechts eine Flöte (oder Trompete), aus einem Antilopenhorn hergestellt und an einem Fellriemen hängend.

Tafel 105. Messer der Mongwandi. Sie stammen ebenfalls aus Abumombazi. Die Griffe sind mit Messingdraht und Tierfellen verziert. Der kleine Dolch hat einen hölzernen, mit Messingdraht und Nägeln verzierten Griff und steckt in einer Scheide aus Schlangenhaut, welche stellenweise mit Kupferdraht umwunden ist.

Tafel 106. Schilde der Mongwandi. Sie stammen ebenfalls aus Abumombazi und sind aus Palmrohr geflochten; der eine ist 120 Zentimeter lang und 42 Zentimeter breit, der andere 117 Zentimeter lang und 37 Zentimeter breit.

Tafel 107. Schilde der Mongwandi. Dieselben wie auf der vorhergehenden Tafel, von der Innenseite gesehen. Sie haben eine hölzerne Handhabe, welche mit Flechtwerk und einem Felle verziert ist.

Tafel 108. Speere der Mongwandi und Yakoma. Die rechtsseitigen stammen aus Abumombazi, die linksseitigen aus Yakoma, in dessen Umgebung sie wahrscheinlich alle angefertigt wurden. Der längste ist 160 Zentimeter lang. Sie haben alle einen kunstvoll geschnitzten, teilweise mit Kupferdraht umwundenen hölzernen Schaft und ein eisernes Blatt, mit Ausnahme des dritten von links, der wohl nur zu Paradezwecken diente und ein ganz aus Messing hergestelltes Blatt hat.

Tafel 109. Messer, Armbänder und Trinkgefäße der Yakoma. Die Armbänder sind aus Bast, Holz, Kupferdraht und Messingnägeln hergestellt; die Trinkgefäße sind aus Ton, braunlackiert, stellenweise rotgefärbt und mit europäischen Messingnägeln verziert. Die Messer haben einen hölzernen, mit Draht umwundenen Griff.

Tafel 110. Pfeile der Gobu, Frauenkleidung und Pfeife der

Bwaka, Messer der Bánziri. Die Pfeile sind 74 Zentimeter lang und haben eine eiserne, mit Widerhaken versehene Spitze, welche mittelst Kautschukhäutchen an dem Rohrschaft befestigt ist. Der Faserschurz bildete die Bekleidung einer Frau in einem Bwaka-Dörfchen bei Mokoange. Ich kaufte ihn von ihr um eine Doppelelle Stoff; doch nahm sie ihn erst ab, nachdem sie sich einen anderen umgebunden hatte. Der kürzere Teil, welcher vorne hing, besteht aus rotgefärbten, zu Schnüren zusammengedrehten Pflanzenfasern, der längere aus schwarzgefärbten losen Fasern, wahrscheinlich zerschlissenen Palmblättern. Über diesem Schurz trug die Frau die ebenfalls abgebildete, anscheinend aus Elefantenhaut hergestellte doppelte Hüftschnur, an welcher Ringe und dütenförmige Anhängsel von Eisen nebst zwei Kaurimuscheln hängen. Die Pfeife stammt aus demselben Dorf und wird beim Rauchen unter den Anwesenden herumgereicht, indem jeder nur einige Züge aus ihr macht und sie dann weitergibt. Sie besteht aus einem ledernen, mit geflochtenem Palmbaste verzierten Rohr und einem abnehmbaren, tönernen Kopf. Der Griff des Messers ist aus Elfenbein.

Tafel 111. Speere der Bwaka. Bei den beiden ersten fehlt auf dem Bilde der das Blatt mit dem eisernen Stachel verbindende Holzschaft.

Tafel 112. Messer und Nackenstütze der Bwaka, Schüssel der Ngombe. Diese Gegenstände stammen alle aus der Umgebung von Libenge. Das Wurfmesser hat einen mit Rohrstreifen umwundenen Griff, das andere Messer einen hölzernen. Die Nackenstütze ist aus Holz und innen hohl; sie läßt sich wie eine Schachtel öffnen. Derartige Nackenstützen sollen auch bei den Mondjembo im Gebrauche sein. Die Schüssel ist ebenfalls aus weichem Holze hergestellt und mit europäischen Messingnägeln verziert. Ähnliche Holzschüsseln trifft man auch bei anderen Stämmen häufig an.

Tafel 113. Messer und Halsringe der Mondjembo. Die Messer sind aus Eisen und haben einen hölzernen Griff, welcher bei dem einen mit Kupferdraht umwunden ist. Die Halsringe sind aus Kupfer; die größeren wiegen je $1^{1}/_{4}$ Kilogramm. Sie werden nur von den Frauen getragen. (Siehe Tafel 97.)

Tafel 114. Schemel der Bwaka und Matte der Mongwandi. Der Schemel, welcher wohl auch als Kinderbett diente, ist aus Palmblattrippen hergestellt, und hat dieselbe Form wie die im ganzen von mir bereisten Gebiete für Erwachsene üblichen Betten; doch ist er nur 80 Zentimeter lang. Er stammt aus der Umgebung von Mokoange. Die Matte ist aus Palmblattfiedern geflochten und stammt aus Abumombazi.

II. Begleitwort zur Routenkarte.
Von Max Moisel.

Franz Thonners Wegaufnahmen zwischen dem Kongo und dem Ubangi — 27. Januar bis 27. Februar 1909 — umfassen 17 Marschtage; sie wurden im Maßstabe 1 : 100,000 von F. Bischoff auf 4 Blatt konstruiert, und zeichnen sich, ebenso wie die im Jahre 1896 im Stromgebiet der Mongala ausgeführten, durch sorgfältige Beobachtungen aus. Die Folge hiervon ist, daß die auf Grund älterer, recht dürftiger Routen im Reisegebiete Thonners eingezeichneten Ortschaften zum Teil recht wesentliche Verschiebungen erfahren.

Thonners Marsch beginnt in Mandungu am Itimbiri, berührt von wichtigeren Plätzen Mobwasa, Mombongo, Mogbogoma und Abumombazi und endet am Zusammenfluß von Mbomu und Uele im Posten Yakoma. In Mongende, einem zwischen Mombongo und Mogbogoma gelegenen Orte, wird der Anschluß an die Reise Thonners vom Jahre 1896 hergestellt, deren fernster Punkt dieses an einem Quellfluß der Mongala gelegene Dorf war.

Die auf der Karte eingetragenen Höhenzahlen beruhen auf täglichen Ablesungen von zwei Aneroiden und auf einigen Siedepunktbestimmungen. Sie wurden von Dr. J. N. Dörr in Wien berechnet. Für den Ausgangspunkt der Reise Mandungu ergab sich aus den Aneroidablesungen eine Höhe von 416 m., aus den Siedepunktbestimmungen eine solche von 426 m. Diese Zahlen stimmen gut zu der von früheren Reisenden berechneten Höhe von 428 m. für das nahe gelegene Ibembo. Dagegen ergab sich für den Endpunkt der Landreise Yakoma aus den Ablesungen Thonners ein offenbar zu niedriger Wert (400 m), weshalb für diesen Ort die auf älteren Beobachtungen beruhende Zahl von 438 (abgerundet 440) m beibehalten wurde. Dementsprechend wurden auch die Höhenzahlen für die südlich von Yakoma gelegenen Dörfer Ndonga und Gugo auf 460, beziehungsweise 480 m erhöht. Für die übrigen an Thonner's Reiseweg gelegenen Ortschaften ergaben sich aus seinen Messungen die auf der Karte eingetragenen, auf Zehner abgerundeten Höhenwerte, nämlich für Mobwasa 460, Boguge 420, Mondunga 430, Mombongo 440, Mongende (Mittelwert aus Thonners Beobachtungen 1896 und 1909) 430, Mogbogoma 510 und Abumombazi 440 m.

Für die Einpassung der Route in das Gradnetz waren Länge und Breite des Anfangs- und Endpunktes gegeben: Mandungu, $\lambda = 23^0\ 16'\ 15''$ E. Greenw., $\varphi = 2^0\ 25'\ 10''$ N. (Lemaire, Mouvement géographique, 1903, p. 97.) Zusammenfluss des Mbomu und Uele, $\lambda = 22^0\ 25'\ 24''$ E. Greenw., $\varphi = 4^0\ 7'\ 49''$ N. (Dyé, nach Carte de l'Etat Indépendant du Congo, 1:1,000,000, 1907.) Azimut und Länge des von Thonner zurückgelegten Weges zeigten eine gute Übereinstimmung zu diesen Positionen.

Zur Vervollständigung des Kartenbildes wurden folgende Karten benutzt:

1. Franz Thonners Aufnahmen zwischen dem Kongo und der Dua (Mongala), August—Oktober 1896, konstruiert und gezeichnet von Max Moisel, 1:300,000. In: Thonner, Im afrikanischen Urwald. Berlin, Dietrich Reimer (Ernst Vohsen), 1898.
2. Carte de l'Etat Indépendant du Congo. 1907. Echelle 1:1,000,000. Lithogr. Justus Perthes, Gotha.*)

---

*) Diese Karte diente auch als Grundlage für die beiden Übersichtskarten des vorliegenden Werkes.

Namen- und Sachverzeichnis.

A.

Ababua, Stamm, 7, 9, 10, 14, 54, 55, 82. S. auch Mobenge.
Abumombazi, Posten im Bangala-Distrikt, 18, 19, 89, 95, Tafel 43—56.
Acanthaceen, 37, 38.
Adansonia, s. Affenbrotbaum.
Affen, 47.
Affenbrotbaum *(Adansonia digitata* L.), Bombacacee, 3, Tafel 1—4.
Ameisen, 15, 46.
Ananas *(Ananas sativus* Lindl.), Bromeliacee, 46.
Andropogon, s. Sorgo.
Antilopen, 47.
Apocynaceen, 37.
Arachis, s. Erdnuß.
Ausrüstung, 64.
Aussprache der Eigennamen, 86.
Azande, Stamm, 7, 9, 59.

B.

Babangi, Stamm, 55, 80.
Babwa, s. Ababua.
Baloi, Stamm, 33, 55.
Balolo (Mongo), Stamm, 55.
Balsaminen *(Impatiens)*, Balsaminaceen, 38.
Banana, Hafenort an der Kongomündung, 1.
Banane *(Musa paradisiaca* L.), Musacee, 23, 43, **44**, Tafel 7, 11, 14, 50—54, 69, 71.
Banda, Stamm, **57**, 59, 84.
Bangala, Stamm, 50, 55, **59**, 80, 87, 95.
Bango, Dorf bei Libenge, 91.
Bangui (Bangi), Hauptort der französischen Ubangi-Shari-Kolonie, 30, 31.
Bantu-Sprachen, 54.
Banza, Stamm, 26, 31, 49, 51, 52, **57**, **84**, **91**.

Bánziri, Stamm, **27**, 49, 51, **57**, **84**, 89, Tafel 79, 80, 110.
Banzyville, Posten im Ubangi-Distrikt, **24**, **25**, **26**, **89**, **95**, Tafel 73—78.
Baobab, s. Affenbrotbaum.
Bapoto, Stamm, 48, 49, 55, 80.
Batate *(Ipomoea batatas* Lam.), Convolvulacee, 43.
Baya, Stamm, 30, 56.
Beapu, Dorf bei Banzyville, 89.
Bembe, s. Mokoange.
Bevölkerungsdichte, 60.
Biali, Bach, zur Ebola fließend, 20.
Bingbe, Dorf bei Mombongo, 13, Tafel 26.
Bobwesi, Dorf bei Mandungu, 8, Tafel 10.
Bodenbeschaffenheit, 19, 36.
Bodengestalt, 6, 20, 24, 26, 29, **35**.
Boguge, Dorf bei Mobwasa, 9, Tafel 18.
Bolobo, Missionsstation im Stanley-Pool-Distrikt, 4.
Boma, Hauptort der belgischen Kongo-Kolonie, 1.
Bombazi, s. Abumombazi.
Bómbula, Dorf bei Libenge, 30, 57, 91.
Bomu, s. Mbomu.
Bondjo, irrtümlicher Stammesname, 57.
Bonduru, Stamm, 30, 57, 82, 91.
Bongekete, Dorf bei Libenge, 91, Tafel 90.
Bongo, Stamm, 20, 50, 51, **58**, **84**, Tafel 58, 62, 63.
Bongombe, Dorf bei Yakoma, 89.
Bonsoi, Dorf bei Libenge, 93.
Boote, 23, Tafel 8, 69.
Bopa, Dorf bei Mobwasa, **9**, 87, 94, 95, Tafel 14—17.
Bopoto (Upoto), Missionsstation im Bangala-Distrikt, 5.
Budja, Stamm, 5, 6, 7, **10**, 11, 48, 49, 51, 52, **55**, 56, 60, **82**, 87, 95, Tafel 20, 21, 101, 102, 103.

Bumba, Posten im Bangala-Distrikt, 5.
Bwaka, Stamm, 27, **29**, 30, 31, 32, 48, 50, 51, 53, **57**, 59, 82, **84**, 91, 93, Tafel 82—85, 90, 110, 111, 112, 114.
Bwándjiri, s. Bánziri.
Bwela, Stamm, 55, 80.

C.

Caloncoba Welwitschii Gilg, Flacourtiacee, 41.
Castilloa elastica und *tunu* Cerv., Moraceen, 46.
Citas, Transportgesellschaft, 2.
Citrus, s. Zitronen.
Clerodendron splendens Don, Verbenacee, 40.
Clitandra, Apocynaceengattung, 38, 46.
Coffea, Rubiaceengattung, 39, 40, 46.
Coinochlamys, Loganiaceengattung, 38.
Combretum, Combretaceengattung, 40.
Crinum scabrum Sims, Amaryllidacee, 20.

D.

Dampfer, 3, 5, 6, 33, 35, 36.
Diener, 2, 17, 23, 33.
Dioscorea, s. Igname.
Dissotis, Melastomataceengattung, 42, 44.
Dörfer, verlassene, 12, 21, 63.
Dongo, s. Ndongo.
Dorfanlage, 8, 10, 14, 15, 18, 20, 29, 30, 33, 50, 81, 83, 85, Tafel 18, 34, 44, 46, 73, 76, 92, 99.
Dorstenia, Moraceen-Gattung, 38.
Dua, Hauptquellfluß der Mongala, 35, 54.
Dundusana, Dorf, Stamm und Posten im Bangala-Distrikt, 13, 14, **56**, 87.

E.

Eala, botanischer Garten im Äquator-Distrikt, 5.
Ebola, Quellfluß der Mongala, 19, 35.
Eisenbahn, 2.
Ekama, Bach, zum Itimbiri fließend, 8.
Elaeis, s. Palmen.
Elefanten, 47.
Elombo, s. Maginza.
Endjondu, Dorf bei Imese, Tafel 100.
Erdnuß *(Arachis hypogaea* L.), Leguminose, 43, Tafel 47.

F.

Faktoreien 3, 26.
Fetische, 16, 20, 28, 29, **52**, Tafel 54, 60, 61, 62, 78, 85.
Fetischpriester, s. Zauberer.
Ficus elastica L., Moracee, 46.
Flüsse, s. Gewässer.
Forfeitt, William und Mrs. W., Missionäre 5, 58.
Funtumia, s. Ire.

G.

Galeriewald, 42.
Gebüsch, 7, 15, 18, 19, 20, 21, 22, **39**, **40**, Tafel 57.
Geophila renaris De Wild. & Dur., Rubiacee, 38.
Gepäck, 2, 3, 5, 28, 30, 64, Tafel 20.
Gerätschaften der Eingeborenen, 6, 23, **53**, Tafel 37, 51, 53, 84, 85, 101—114.
Getreidespeicher, 28, 29, Tafel 84.
Gewässer, 2—33, **35**, 36, Tafel 1, 2, 5—8, 25, 27, 69, 73, 81, 86, 87, 98.
Gewürzlilien, s. Scitamineen.
Ghislain, Major, Stellvertreter des Generalgouverneurs der belgischen Kongokolonie, 1.
Gini, Landschaft (Gau) bei Yakoma, 21.
Giri, s. Ngiri.
Gobu, Stamm, **28**, 48, 49, 50, 51, **57**, **84**, 91, Tafel 110.
Gombe, s. Ngombe.
Gombo *(Hibiscus esculentus* L.), Malvacee, 44.
Grasland, 2, 4, 19—26, 29, 30, 32, **42**, Tafel 57, 64, 65, 82.
Gugo (Mogugo), Dorf und Landschaft (Gau) bei Yakoma, 20, Tafel 58.
Gunda, Dorf bei Libenge, Tafel 95.

H.

Haartracht, 10, 16, 25, 31, **49**, 80, 82, 84, Tafel 37, 38, 41, 45, 48, 52, 55, 63, 72, 74, 75, 94.
Haemanthus, Amaryllidaceengattung, 42, 43.
Häuser der Weißen, 60, Tafel 4, 5, 22, 23, 32, 43, 67, 81, 88.
Haustiere 22, 47, Tafel 85.
Hevea brasiliensis Aubl., Euphorbiacee, 46.
Hibiscus, s. Gombo.

Höhenmessungen, 108.
Hütten der Eingeborenen, 4—33, **51**, 57, 58, 81, 83, 85, Tafel 10, 14, 15, 18, 21, 26, 28, 34—37, 44, 46, 50—54, 59—63, 68, 76—85, 90—92, 95—100.

I.

Ignamen *(Dioscorea)*, Dioscoreaceen, 43, Tafel 71.
Imese, Posten im Ubangi-Distrikt, 33, 93.
Impatiens, s. Balsaminen.
Insekten, 10, 15, 18, **46**.
Ipomoea, s. Bataten.
Ire-Baum *(Funtumia elastica* Stapf), 7, 45, Tafel 9.
Irebu, Posten im Äquator-Distrikt, 3, 33.
Itimbiri, Nebenfluß des Kongo, 6, 35, Tafel 5—8.

J.

Jagd, 2, 24, 47.
Jahreszeiten, s. Klima.
Johnston, Sir H., 58.

K.

Kaffee, s. Coffea.
Kakao *(Theobroma cacao* L.), Sterculiacee, 46.
Karten, 108.
Kasenge, Dorf bei Banzyville, 25, Tafel 76—78.
Kautschuk, 7, 37, **45**, 60, **61**, Tafel 9.
Kinshasa, Hafenort am Stanley-Pool, 2, 3, 33, Tafel 1—4.
Kleidung der Eingeborenen, 4, 5, 9, 10, 25—33, **49**, 57, **80**, **82**, **84**, Tafel 16, 17, 20, 22, 29, 30, 33, 37—41, 45—49, 52, 56, 58, 62, 63, 70—74, 80, 83, 93, 94, 97, 104, 110.
Klima, 13, **34**, 66—69.
Körperbeschaffenheit der Eingeborenen, 8, 16, **48**, Tafel 16, 17, 20, 22, 29, 30, 33, 37—41, 45, 49, 52, 55, 56, 58, 62, 63, 70—75, 80, 83, 84, 93, 94, 97.
Körpermessungen, 48.
Körperverzierung, 6—16, 20, 25—33, **48**, 80, 82, 84, Tafel 16, 17, 29, 30, 33, 39, 41, 48, 49, 52, 55, 62, 71, 72, 80, 93.
Kongostrom, 2, 4.
Kulunga, Bach, zur Ebola fließend, 18.

L.

Landolphia, Apocynaceengattung, 38, 46.
Lankesteria Barteri Hook. fil., Acanthacee, 37, 38.
Leka (Loeka), Bach, zum Itimbiri fließend, 10.
Lele, Dorf bei Mokoange, 91.
Léopoldville, Hafenort am Stanley-Pool, 2, 3.
Libenge, Hauptort des Ubangi-Distriktes, 30, 91, 93, Tafel 88—94.
Libute, Dorf bei Mombongo, 11.
Lifakini, Dorf bei Libenge, 30, 93, Tafel 91—93.
Likati, Quellfluß des Itimbiri, 35.
Likwángula, Stamm, 10, 12, **56**.
Lissochilus, Orchidaceengattung, 38, 42.
Loeka, Posten im Bangala-Distrikt, 6.
Lole, Bach, zur Ebola fließend, 18.
Lua, Nebenfluß des Ubangi, 36, 54.
Lubala, Stamm, 33, 48, 55, **80**, 93, Tafel 99.

M.

Mabali, Dorf bei Mogbógoma, 18.
Mabali (Mobali), Stamm, 13, 55, **82**, Tafel 26.
Märkte, Tafel 68—72.
Maginza (Elombo), Stamm, 51, 55, **82**.
Mais *(Zea Mays* L.), Graminee, 43, Tafel 37.
Mandjia, Stamm, 30, **56**, 59, 82.
Mandungu, Posten im Bangala-Distrikt, 6, 7, Tafel 5—9.
Mangobaum *(Mangifera indica* L.), Anacardiacee, 3, 46.
Manihot Glaziovii Muell. Arg., Euphorbiacee, 46.
Maniok *(Manihot utilissima* Pohl und *palmata* Muell. Arg.), Euphorbiaceen, 6, 23, 43, **44**, 45, Tafel 24, 71.
Marantaceen, s. Scitamineen.
Marschzeit, 21.
Matadi, Hafenort am unteren Kongo, 1, 33.
Mbomu (Bomu), Quellfluß des Ubangi, 24, 36.
Mbui, Dorf bei Banzyville, 89.
Mbui (Mombui), Dorf bei Mogbógoma, 15, Tafel 34, 35.
Mbuo, Dorf bei Yakoma, s. Gugo.
Mbwaka, s. Bwaka.
Melastomataceen, 40, 42, 44.
Meteorologische Beobachtungen, 66—69.
Missionsstationen, 4, 5, 6.

Mobali, s. Mabali.
Mobati, Stamm, 56.
Mobave (Mobai), Posten in der Ubangi-Shari-Kolonie, 26, Tafel 73.
Mobenge, Stamm, 8, 10, 49, 50, 51, 52, **56**, **82**, 87, 94, 95, Tafel 10, 14—18, 22, 101.
Mobwasa, Posten im Bangala-Distrikt, 9, 87, 94, Tafel 11—13.
Moenge, Posten im Bangala-Distrikt, 5.
Mogbógoma, aufgegebener Posten bei Abumombazi, **15**, 17, 35, 48, 87, 95, Tafel 31- 41.
Mokabe, Quellflüßchen der Dua, 13, 14.
Mokoange (Mokwange), Posten im Ubangi-Distrikt, 26, **29**, Tafel 81—85.
Mokolu, Dorf bei Imese, Tafel 99.
Mombongo, Posten im Bangala-Distrikt, 12, 13, 87, Tafel 22—25.
Mondjembo (Monsombo), Stamm, **32**, 48, 50, 51, 53, **57**, **82**, 93, Tafel 95, 96, 97, 113.
Mondunga, Dorf bei Mombongo, **10**, 87, 95, Tafel 20, 21.
Mondunga (Ndonga), Stamm, 58, 84.
Mongala, Nebenfluß des Kongo, 13, 35.
Mongende, Dorf bei Dundusana, 13, **14**, 56, 87, 95, Tafel 28, 29, 30.
Mongende (Ngende), Dorf bei Abumombazi, 18, 89.
Mongo, s. Balolo.
Mongwandi, Stamm, 14, 15, **16**, 18, 19, 48, 49, 50, 51, 52, 56, **58**, **84**, 87, 89, 95, Tafel 29—56, 104—108, 114.
Monsombo, s. Mondjembo.
Mopepe (Mopaka), Dorf bei Mombongo, 11.
Moskitos 47.
Mostuea, Loganiaceengattung, 38.
Motengi, Dorf bei Libenge, 93, Tafel 96, 97.
Moturu, Hauptquellfluß der Dua-Mongala, 13, 35, Tafel 27.
Mpombo, Stamm, 57.
Mundu, Stamm, 59.
Musa, s. Banane.
Musanga, s. Sonnenschirmbaum.
Musikinstrumente, 53, Tafel 22, 101.
Mussaenda, Rubiaceen-Gattung, 40, 42, 45.
Musumbuma, Dorf bei Libenge, 93.

N.

Nahrungsmittel, 6, 23, 43, 45, 47, 61, 62, Tafel 71.
Ndonga, Dorf bei Yakoma, 21, Tafel 59—63.
Ndonga, Stamm, s. Mondunga.
Ndongo, Dorf und aufgegebener Posten bei Imese, 33, 57, Tafel 98.
Ngali, Bach, zur Dua fließend, 12, Tafel 25.
Ngandu, Dorf bei Mogbógoma, 18.
Ngende, s. Mongende.
Ngiri, Nebenfluß des Ubangi, 36.
Ngiri, Stamm, 33, 55, **80**, Tafel 100.
Ngobu, s. Gobu.
Ngombe, Stamm (Stammgruppe), 10, 26, 30, 31, 48, 49, 50, 51, 54, **55**, 80, **82**, 93, Tafel 91—94, 112.
Niam-Niam, s. Azande.
Nouvelle-Anvers, Hauptort des Bangala-Distriktes, 5.
Nsákara (Sákara), Stamm, 25.
Nutzpflanzen, s. Pflanzungen.
Nyole, Bach, zur Ebola fließend, 18.

O.

Ölpalme *(Elaeis guineensis* L.), s. Palmen.
Oncoba, s. *Caloncoba Welwitschii*.
Orchideen, 38, 42.

P.

Pachylobus, s. Safu-Baum.
Palmen, 7, 13, 15, 18, 21, 24, 26, 30, **39**, Tafel 23, 27, 50, 51, 52, 64, 89, 91, 92.
Papageien, 47.
Papaya *(Carica Papaya* L.), Caricaceen, 46.
Paprika *(Capsicum),* Solanaceen, 44.
Pflanzen, gesammelte, 70—78.
Pflanzenwelt, 1—33, **36**, Tafel 1—100.
Pflanzungen, 10, 12, 15, 18, 20, 22, 24, 28, **43**, **45**.
Politische Verhältnisse, 60.
Posten, 5, 6, 7, 9, 12, 15, 18, 22, 24, 29, 30, 33, **60**, Tafel 5—7, 11, 22, 32, 43, 67, 81, 88.
Posten, aufgegebene, 15, 30, 33, 60, Tafel 32.
Pwembe, Bach, zum Itimbiri fließend, 10.

R.

Raphia, s. Palmen.
Raubtiere, 47.
Regen, s. Klima.
Reiseausrüstung, 64.

Namen- und Sachverzeichnis. 115

Rubi, Hauptquellfluß des Itimbiri, 35, 54.
Rubiaceen, 38, 39, 40, 42, 45.

S.

Saccharum, s. Zuckerrohr.
Säugetiere, 47.
Safu - Baum *(Pachylobus edulis* Don), Burseracee, 12.
Sakara, s. Nsakara.
Sango, Stamm, 24, **25**, 26, 27, 49, 50, 51, 52, **58**, 59, **84**, 89, 95, Tafel 73—75.
Sauber, J., Distriktskommissär, 32, 33, Tafel 89.
Savanne, s. Grasland.
Schlafkrankheit, 2, 20, 47.
Schlangen, 47.
Schmuck, 32, 50, Tafel 41, 48, 49, 74, 94, 97, 104, 109, 110, 113.
Schreibweise der Wörter aus den Sprachen der Eingeborenen, 86.
Scitamineen (Gewürzlilien), 8, 15, 36, **41**, Tafel 31.
Sesam *(Sesamum indicum* L.), Pedaliacee, 43.
Shikwange (Maniokbrot), 6, 45.
Smith, Kenred, Missionär, 5.
Sonnenschirmbaum *(Musanga Smithii* R. Br.), Moracee, Tafel 14, 24.
Sorgo *(Andropogon Sorghum* Brot.), Graminee, 28, 43, 45, Tafel 82, 83.
Spathodea, s. Tulpenbaum.
Spielbrett, 53, Tafel 34.
Sprachen, 2, 9, 10, 14, 17, 20, 26, 27, 30, 31, 32, 33, **54**, 55—59, 81, 83, 85, 86—95.
Stämme der Eingeborenen, 5—33, 55—59, **80**.
Stanley-Pool, 2, Tafel 1, 2.
Steuern, 61.
Streitigkeiten mit den Eingeborenen, 11, 14, 17, 63.
Striga hirsuta Benth., Scrophulariacee, 42.
Stromschnellen, 24, 26, 29, 31, 35, 36, Tafel 73, 86, 87.
Sudan-Sprachen, 54, 56.

T.

Tänze, 19, Tafel 56.
Tätowierung, s. Körperverzierung.
Taro *(Colocasia antiquorum* Schott), Aracee, 43.

Tauschwaren, s. Zahlungsmittel.
Temperatur, s. Klima.
Tenda, Stamm, 33, 55.
Termiten, 20, 47.
Theobroma, s. Kakao.
Thonningia sanguinea Vahl, Balanophoracee, 38.
Thysville, Posten im Katarakten-Distrikt, 2.
Tierwelt, 46.
Tomate *(Solanum Lycopersicum* L.), Solanacee, 44.
Tombeur, M., Distriktskommissär, 5.
Träger, 1, 5, 7, 9, 11, 13, 14, 19, **61**, Tafel 17, 20, 22.
Trymatococcus, Moraceengattung, 38.
Tsetse-Fliege, 47.
Tulpenbaum *(Spathodea),* Bignoniacee, 37.

U.

Ubangi, Nebenfluß des Kongo, 23—33, **36**, Tafel 69, 73, 81, 86, 87, 98.
Uele (Wele), Hauptquellfluß des Ubangi, 21, 22, 36, Tafel 66—69.
Unda, Dorf bei Mokoange, 89, Tafel 79, 80.
Upoto, s. Bopoto.

V.

Van Damme, M., Generalsekretär, 1.
Vernonia, Compositen-Gattung, 42, 46.
Vögel, 47.

W.

Waffen, 1, 23, 53, Tafel 101—113.
Wald, 4—33, **36**, Tafel 6, 10, 12, 13, 19, 21, 24, 25, 42.
Wanderungen der Stämme, 7, 31, 54, 57.
Wandzeichnungen, 8, 10, **52**, Tafel 15, 21, 35.
Weiße, 8, 60—63.
Wele, s. Uele.
Wörterverzeichnisse, 86.

Y.

Yakoma, Posten im Ubangi-Distrikt, 21, 22, 89, 95, Tafel 66—72.
Yakoma, Stamm, 22, 50, **58**, **84**, 89, 95, Tafel 68—72, 108, 109.

Z.

Zähne, 8, 10, **49**.
Zahlungsmittel, 3, 4, 15, **62**.
Zauberer, **63**.
Zea, s. Mais.
Zeichnungen, s. Wandzeichnungen.

Zingiberaceen, s. Scitamineen.
Zitrone *(Citrus medica* L.), Rutacee, **46**.
Zongo, aufgegebener Posten bei Libenge, **30**, **31**.
Zuckerrohr *(Saccharum officinarum* L.), Graminee, **43**.

Am Ufer des Stanley-Pool bei Kinshasa.

Thonner, Kongo. Tafel 2.

Am Ufer des Stanley-Pool bei Kinshasa.

Ein Affenbrotbaum in Kinshasa.

Ein Affenbrotbaum in Kinshasa.

Thonner, Kongo. Tafel 5.

Der Posten Mandungu.

Thonner, Kongo. Tafel 6.

Der Posten Mandungu.

Der Posten Mandungu.

Thonner, Kongo.   Tafel 8.

Der Itimbiri-Fluß bei Mandungu.

Ein Kautschukbaum in Mandungu.

Thonner, Kongo. Tafel 10.

Im Mobenge-Dorfe Bobwesi bei Mobwasa.

Der Posten Mobwasa.

Thonner, Kongo. Tafel 12.

Waldrodung bei Mobwasa

Thonner, Kongo. Tafel 13.

In einer Waldrodung bei Mobwasa.

Im Mobenge-Dorfe Bopa bei Mobwasa.

Wandzeichnungen im Dorfe Bopa bei Mobwasa.

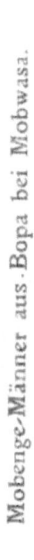

Mobenge-Männer aus Bopa bei Mobwasa.

Mobenge-Träger aus der Umgebung von Mobwasa.

Im Mobenge-Dorfe Boguge bei Mobwasa.

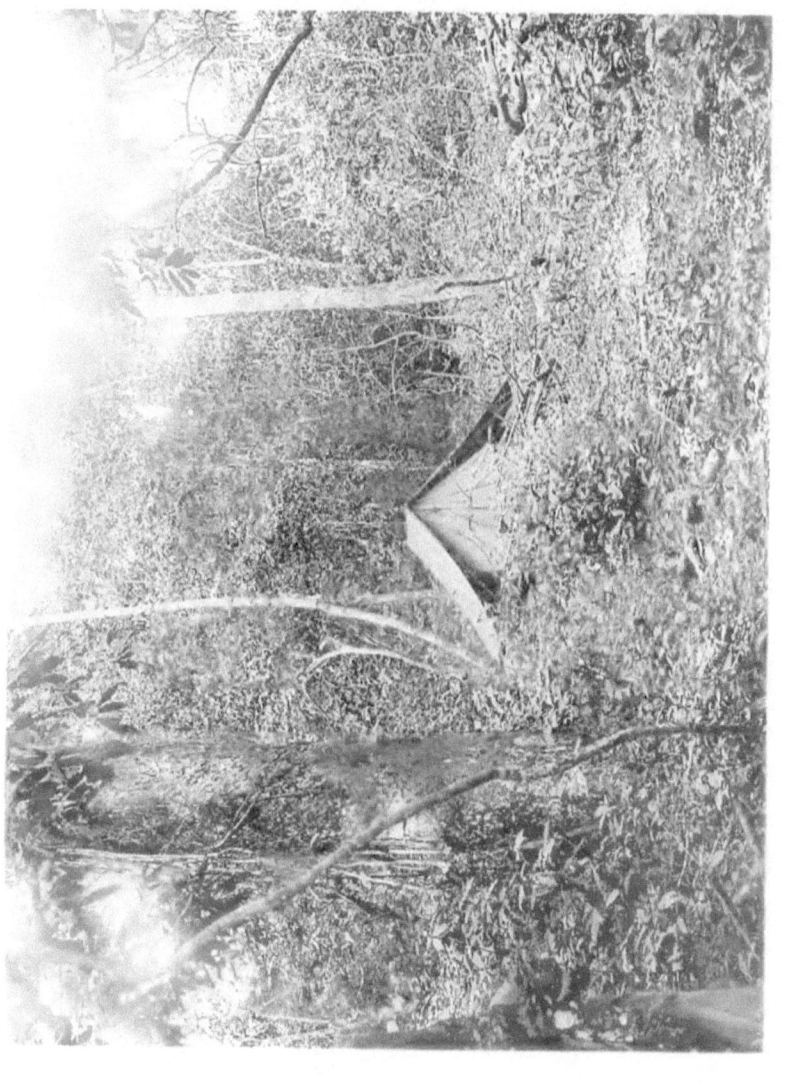

Mein Zelt im Walde bei Boguge.

Im Budja-Dorfe Mondunga bei Mombongo.

Eine Hütte im Dorfe Mondunga bei Mombongo.

Mobenge-Träger im Posten Mombongo.

Thonner, Kongo. Tafel 23.

Ein Wohnhaus im Posten Mombongo.

Am Waldessaume bei Mombongo.

Brücke über den Ngali-Bach bei Mombongo.

Im Mabali-Dörfchen Bingbe bei Mombongo.

Am Moturu-Flusse.

Im Dorfe Mongende bei Dundusana.

Thonner. Kongo. Tafel 29.

Eingeborene von Mongende bei Dundusana

Der Häuptling von Mongende bei Dundusana und sein Stellvertreter.

Scitamineen-Dickicht bei Mogbogoma.

Hauptgebäude des verlassenen Postens Mogbogoma.

Mongwandi-Männer aus der Umgebung von Mogbogoma.

Das Mongwandi-Dorf Mbui bei Mogbogoma.

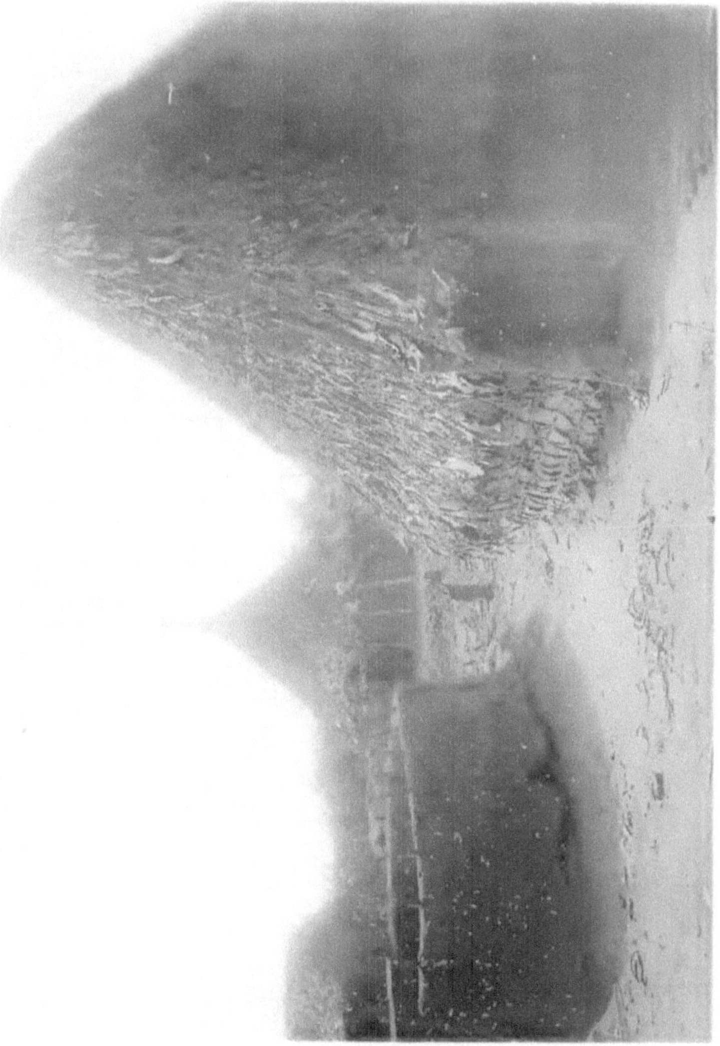

Hütten in Mbui bei Mogbogoma.

Eine Hütte aus der Umgebung von Mogbogoma.

In einem Mongwandi-Dorfe bei Mogbogoma.

Mongwandi-Leute in einem Dorfe bei Mogbogoma.

Mongwandi-Leute aus der Umgebung von Mogbogoma.

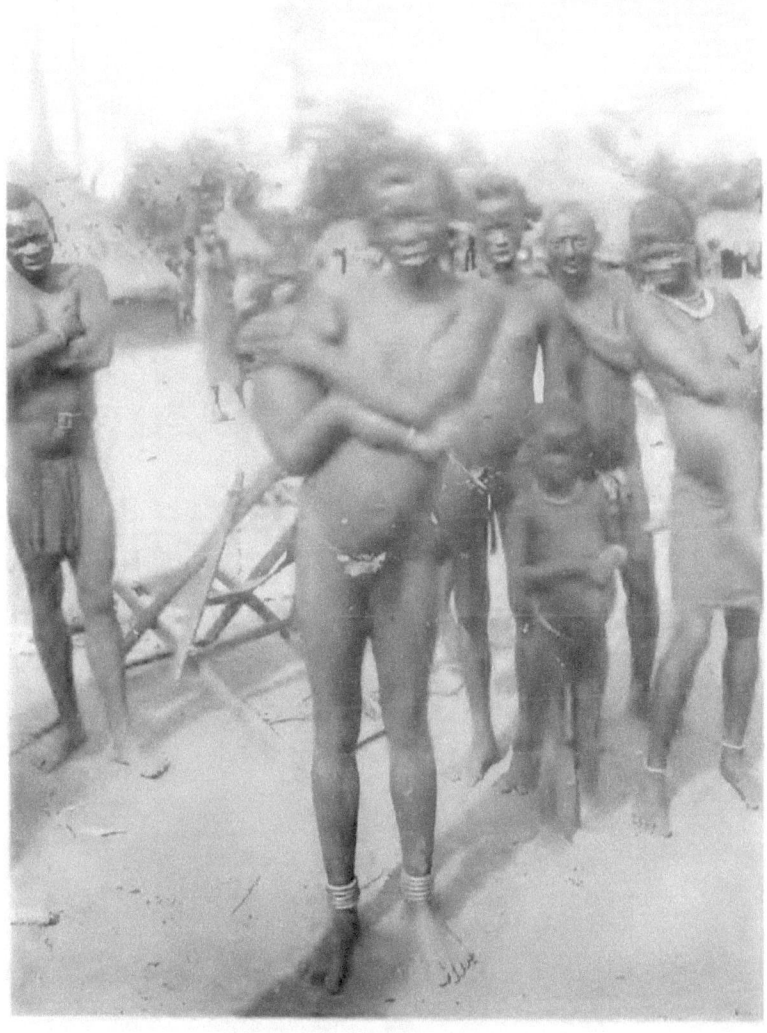

Mongwandi-Leute aus der Umgebung von Mogbogoma.

Mongwandi-Frauen aus der Umgebung von Mogbogoma.

Unser Lager im Walde bei Abumombazi.

Thonner, Kongo. Tafel 43.

Ein Wohnhaus im Posten Abumombazi.

Ein Mongwandi-Dorf bei Abumombazi.

Morgwandi-Frauen in einem Dorfe bei Abumombazi.

Ein Mongwandi-Dorf bei Abumombazi.

Mongwandi-Frauen und -Kinder in einem Dorfe bei Abumombazi.

Mongwandi-Frauen aus der Umgebung von Abumombazi.

Thonner. Kongo. Tafel 40.

Mongwandi-Frauen aus der Umgebung von Abumombazi.

Teil eines Mongwandi-Dorfes bei Abumombazi.

Teil eines Mongwandi-Dorfes bei Abumombazi.

Mongwandi-Leute in einem Dorfe bei Abumombazi.

Tafel 53.

In einem Mongwandi-Dorfe bei Abumombazi.

Geisterhütte in einem Mongwandi-Dorfe bei Abumombazi.

Thonner, Kongo. Tafel 55.

Mongwandi-Leute aus der Umgebung von Abumombazi.

Ein Tanz der Mongwandi von Abumombazi.

An der Grenze des Graslandes bei Abumombazi.

Eingeborene des Dorfes Gugo bei Yakoma.

Thonner, Kongo. Tafel 59.

Im Dorfe Ndonga bei Yakoma.

Thonner, Kongo. Tafel 60.

Im Dorfe Ndonga bei Yakoma.

Thonner, Kongo. Tafel 61.

Hütte und Fetisch im Dorfe Ndonga bei Yakoma.

Thonner, Kongo. Tafel 62.

Eingeborene des Dorfes Ndonga bei Yakoma.

Eingeborene des Dorfes Ndonga bei Yakoma.

Grasland bei Yakoma.

Grasland bei Yakoma.

Thonner, Kongo. Tafel 66.

Der Uele-Fluß bei Yakoma.

Gebäude des Postens Yakoma.

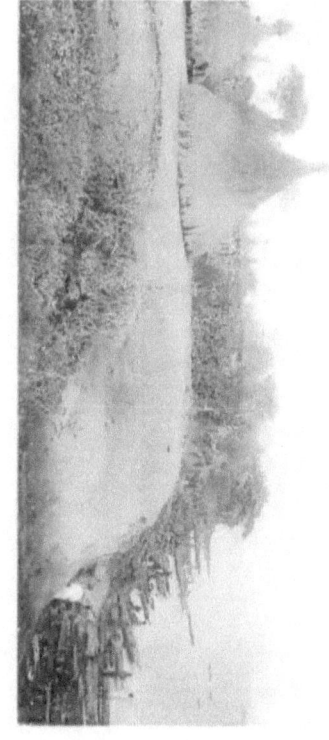

Ein Dorf bei Yakoma.

Boote von Marktbesuchern bei Yakoma.

Thonner, Kongo. Tafel 70.

Ein Wochenmarkt bei Yakoma.

Ein Wochenmarkt bei Yakoma.

Yakoma-Frauen vom Markte heimkehrend.

Thonner, Kongo. Tafel 73.

Ein Sango-Dorf bei Banzyville.

Thonner, Kongo. Tafel 74.

Sango-Mädchen in einem Dorfe bei Banzyville.

Sango-Mädchen mit falschen Haaren.

Thonner, Kongo. Tafel 76.

Im Dorfe Kasenge bei Banzyville.

Im Dorfe Kasenge bei Banzyville.

Thonner, Kongo. Tafel 78.

Geisterhütten im Dorfe Kasenge bei Banzyville.

Tafel 79.

Im Banziri-Dorf Unda bei Mokoange.

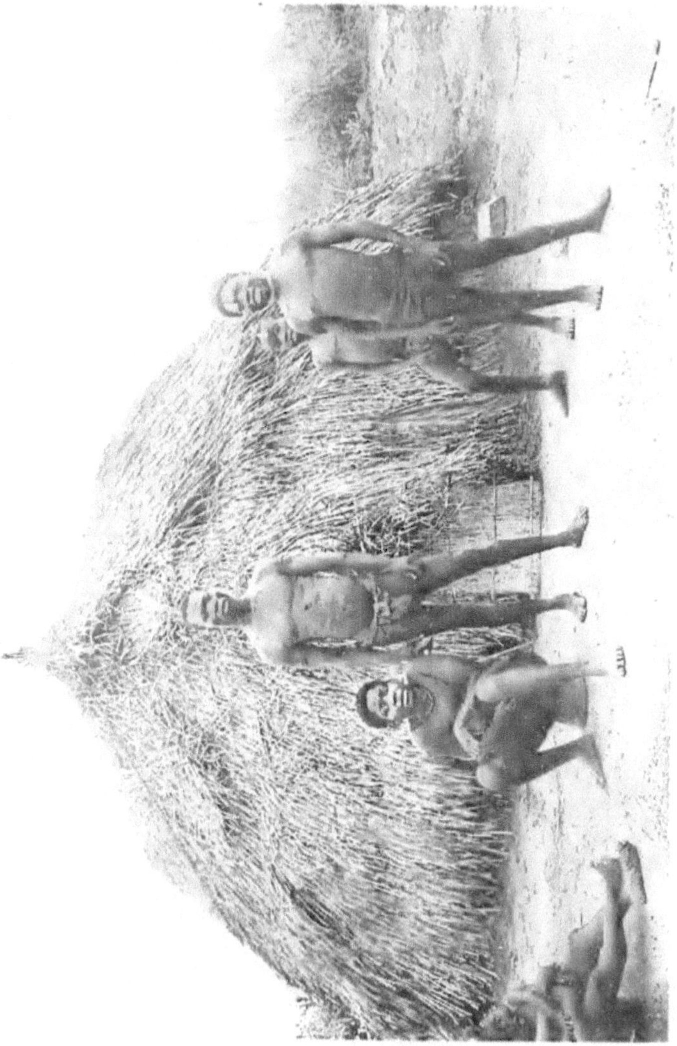

Im Banziri-Dorf Unda bei Mokoange.

Thonner, Kongo. Tafel 81.

Der Posten Mokoange.

In einem Bwaka-Dörfchen bei Mokoange.

In einem Bwaka-Dörfchen bei Mokoange.

In einem Bwaka-Dörfchen bei Mokoange.

Fetische vor einer Bwaka-Hütte bei Mokoange.

Die Stromschnellen des Elefanten bei Mokoange.

Die Stromschnellen von Zongo.

Thonner, Kongo. Tafel 88.

Im Posten Libenge.

Der Kommissär des Ubangi-Distriktes mit Waisenkindern.

Im Bwaka-Dörfchen Bongekete bei Libenge.

Im Ngombe-Dörfchen Lifakini bei Libenge.

Im Ngombe-Dörfchen Lifakini bei Libenge.

Ngombe-Leute in Lifakini bei Libenge.

Ein Ngombe-Ehepaar aus der Umgebung von Libenge.

Thonner, Kongo. Tafel 95.

Im Mondjembo-Dorfe Gunda bei Libenge.

Im Mondjembo-Dorfe Motengi bei Libenge.

Thonner. Kongo. Tafel 97.

Mondjembo-Frauen in Motengi.

Der Ubangi-Fluß bei Ndongo.

Im Lubala-Dorfe Mokolu bei Imese.

Thonner, Kongo. Tafel 100.

Im Ngiri-Dorf Endjondu bei Imese.

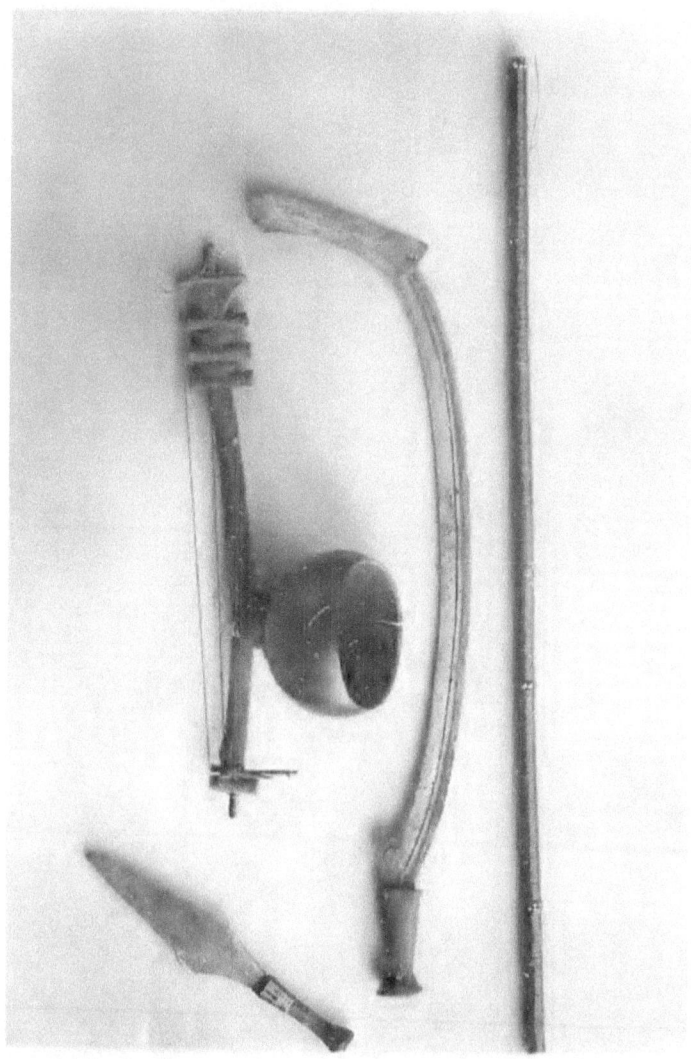

Stab, Laute und Messer der Mobenge, Schwert der Budja.

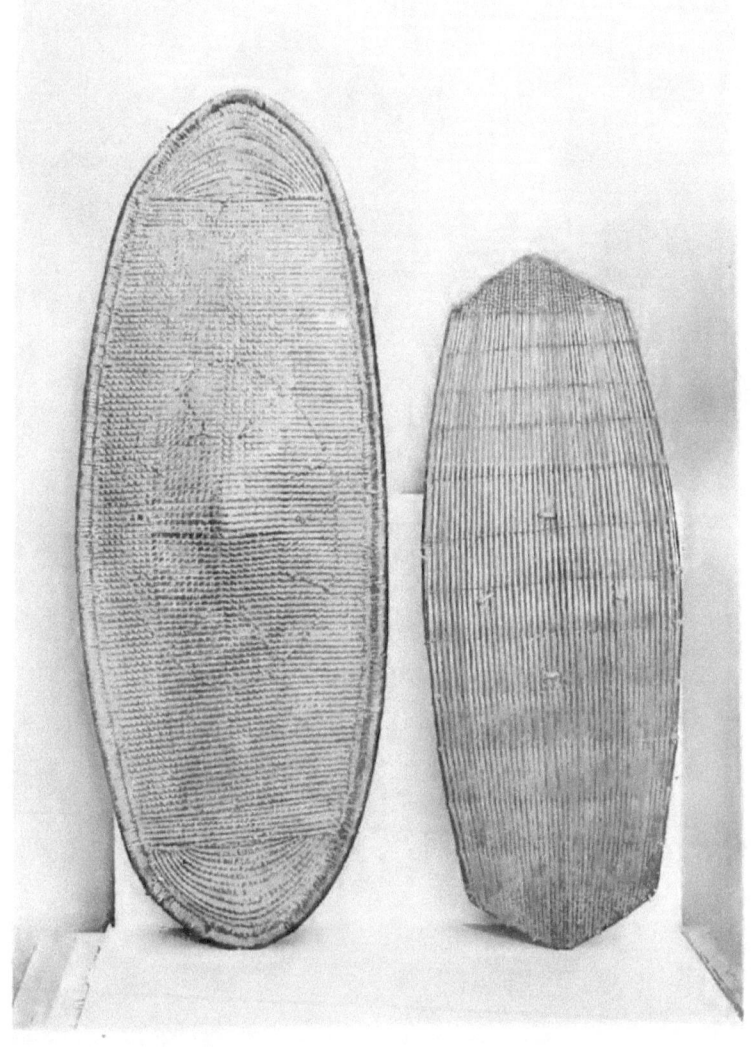

Schilde der Budja.

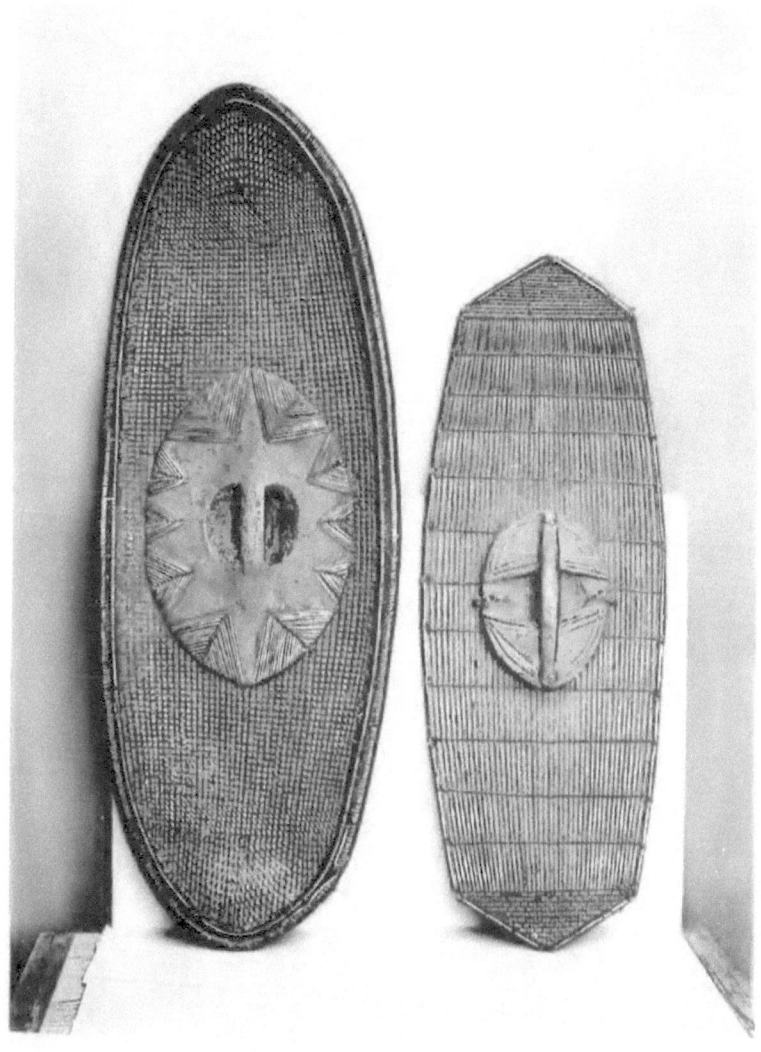

Schilde der Budja.

Thonner, Kongo. Tafel 104.

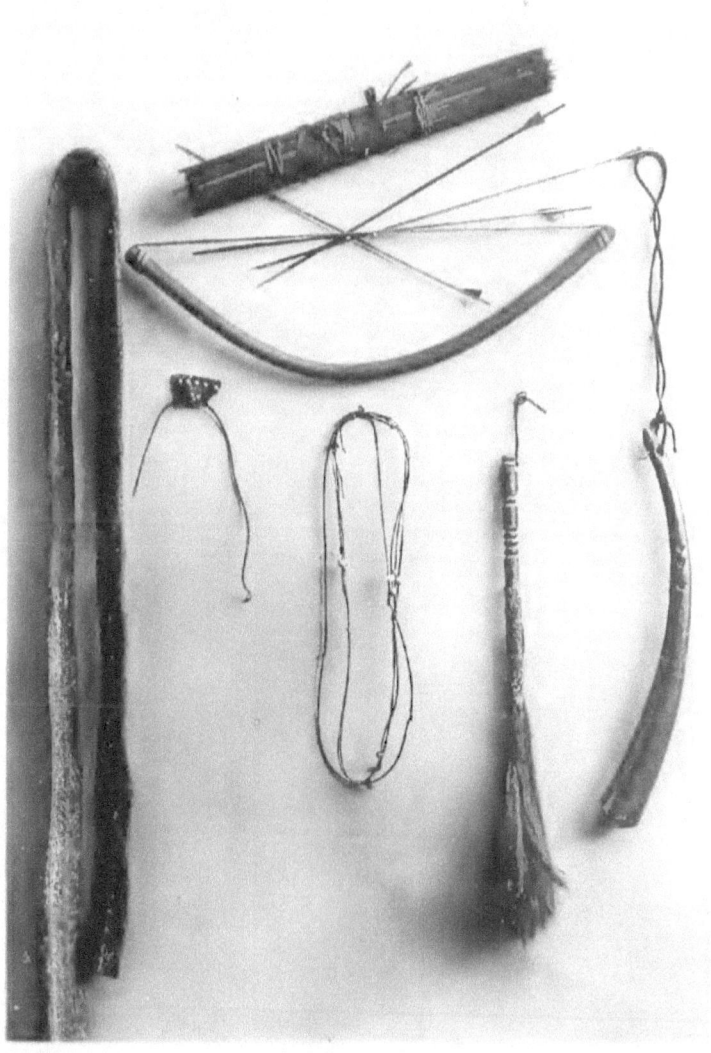

Gebrauchsgegenstände der Mongwandi.

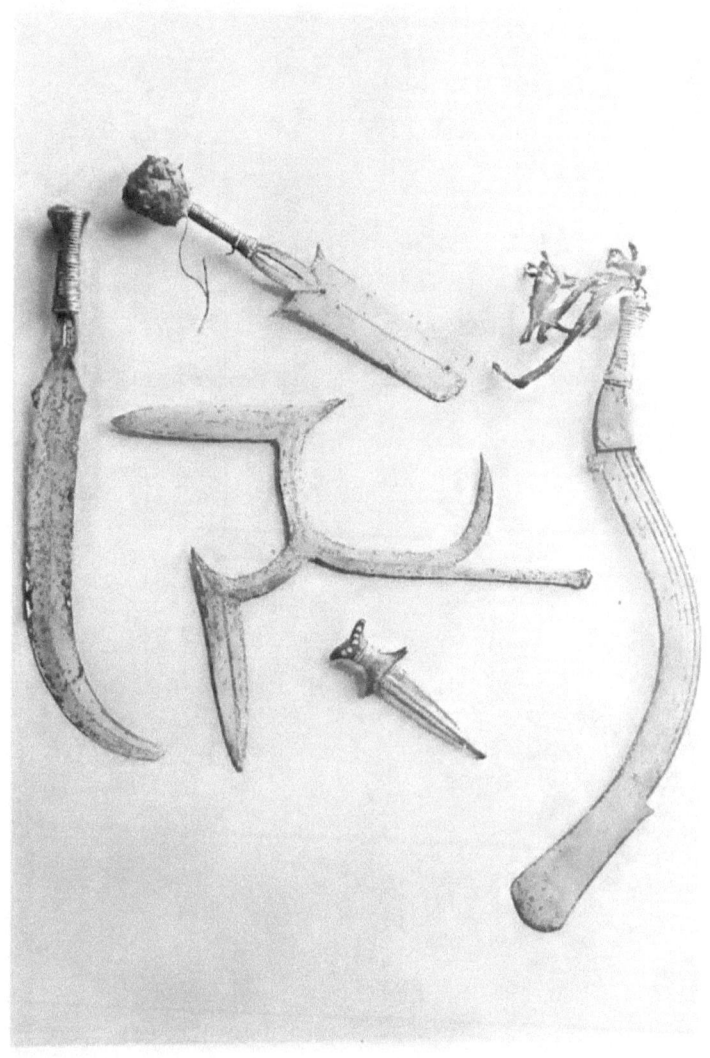

Messer der Mongwandi.

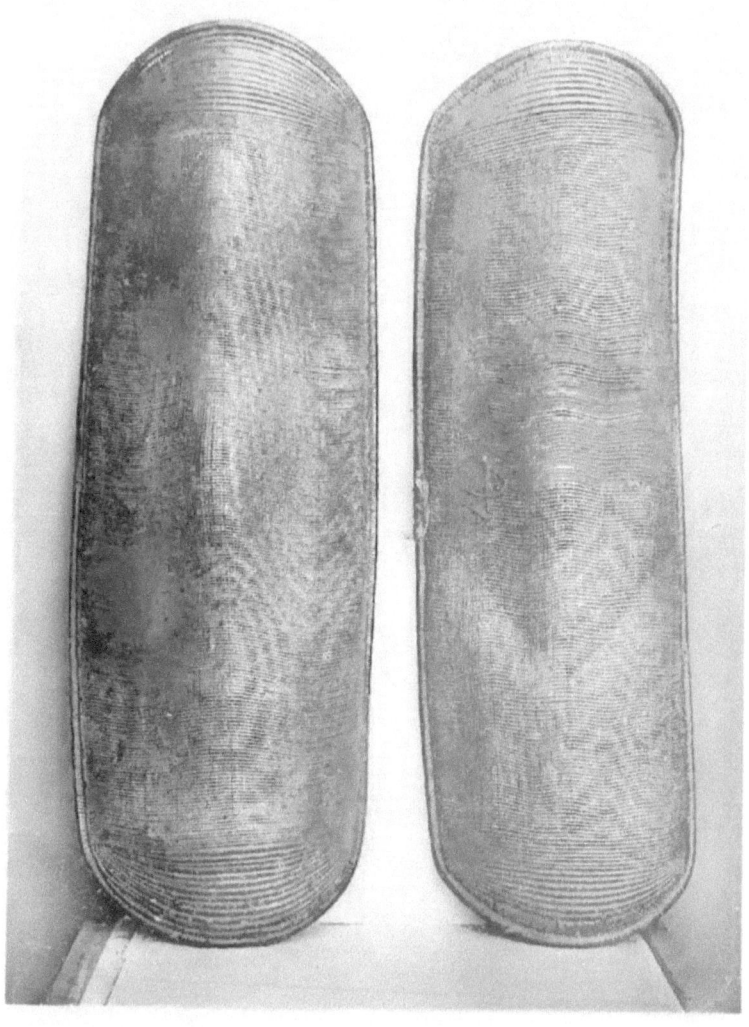

Schilde der Mongwandi.

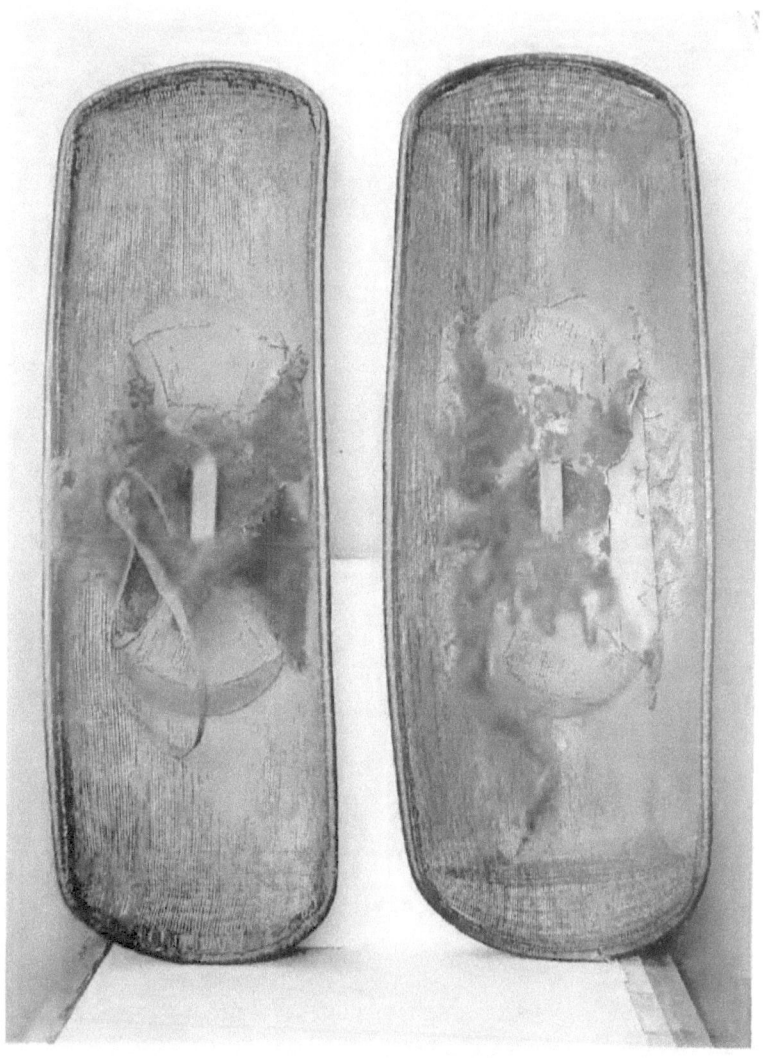

Schilde der Mongwandi.

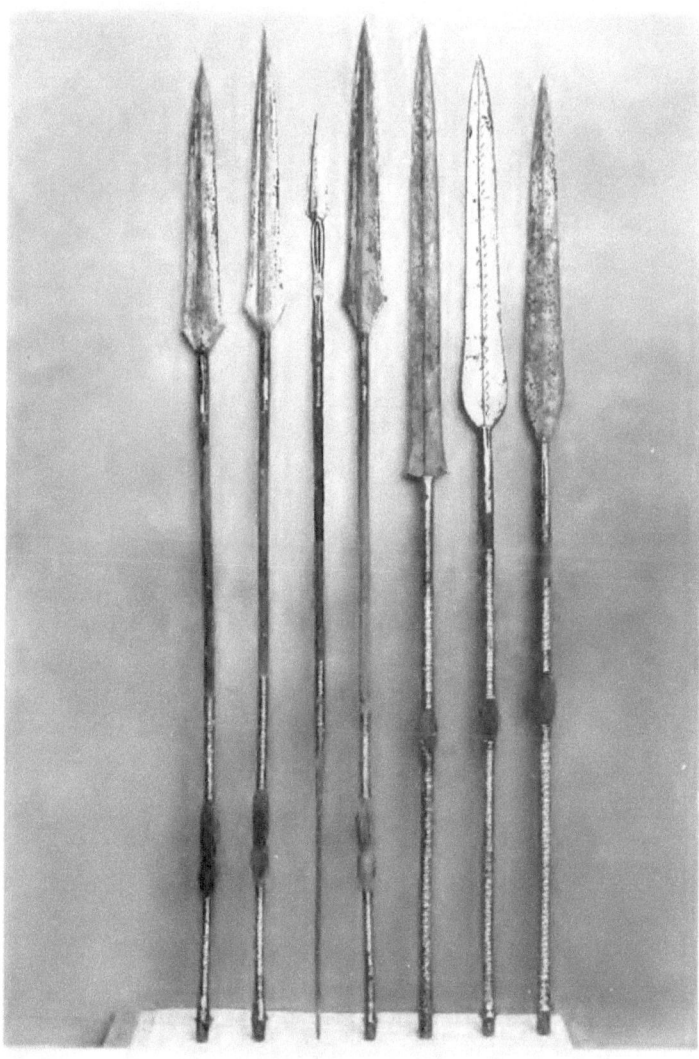

Speere der Mongwandi und Yakoma.

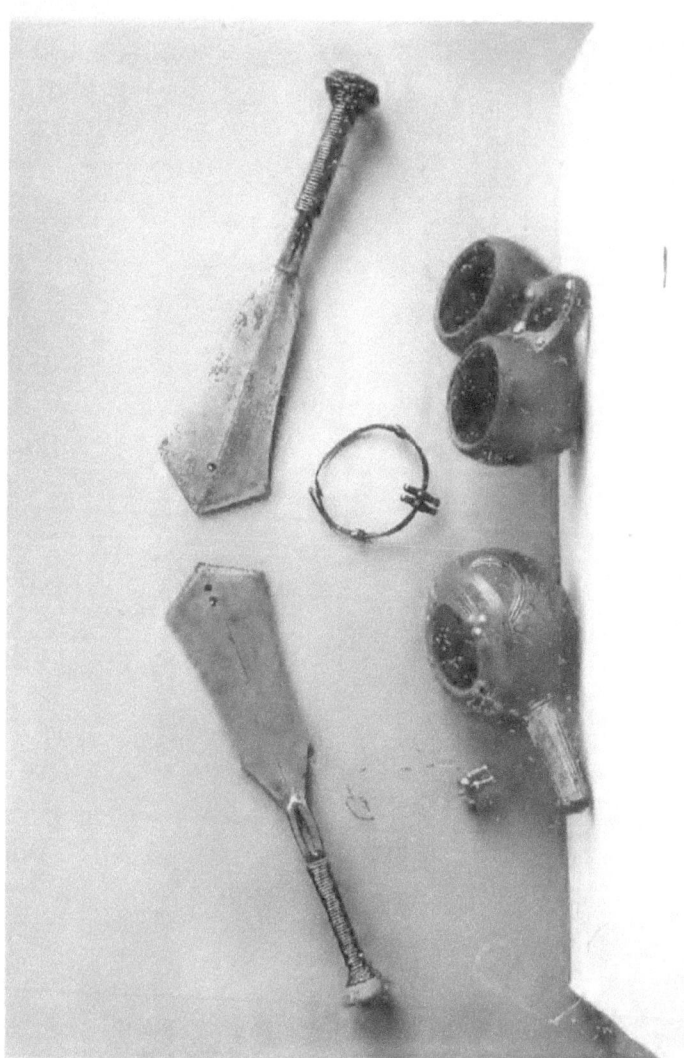

Messer, Armbänder und Trinkgefäße der Yakoma.

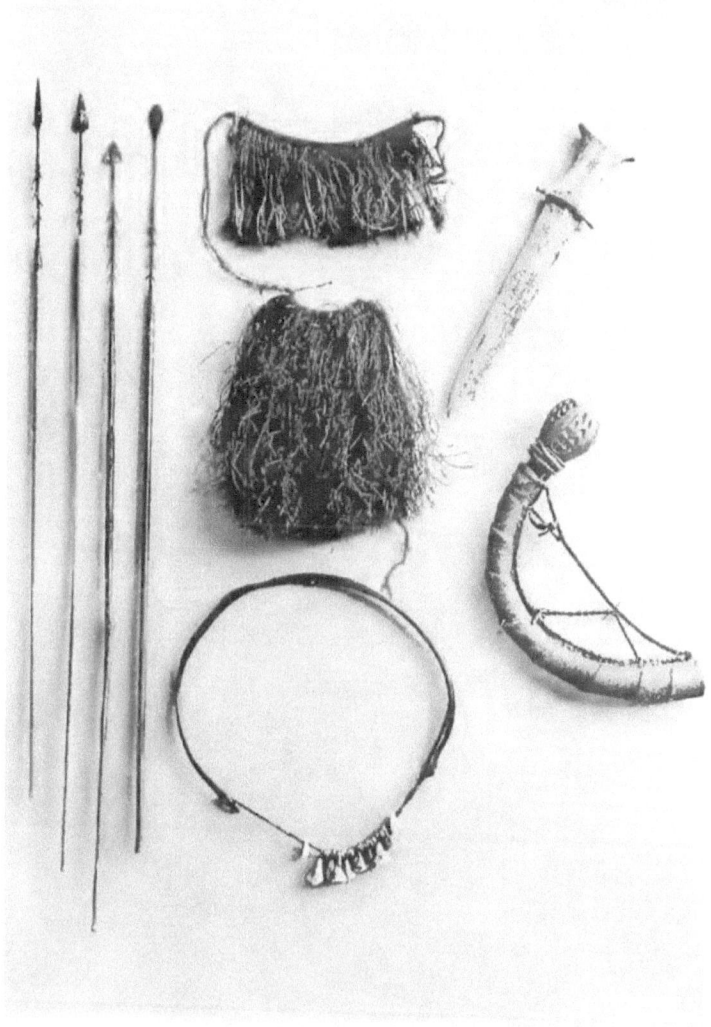

Pfeile der Gobu, Frauenkleidung und Pfeife der Bwaka, Messer der Banziri.

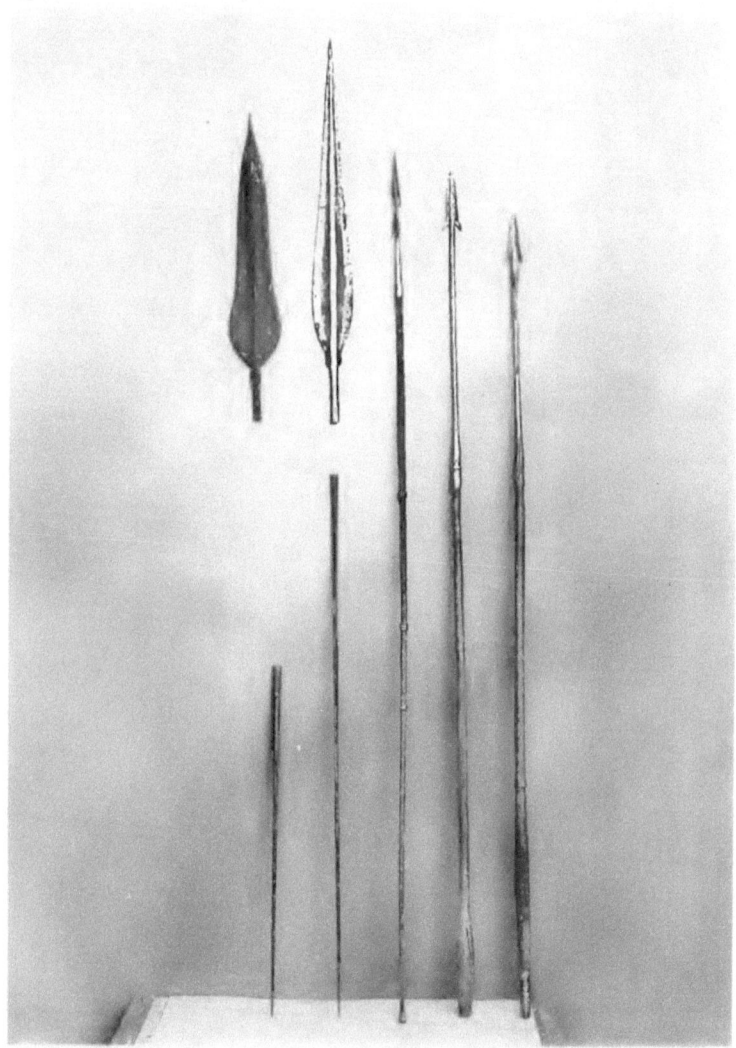

Speere der Bwaka.

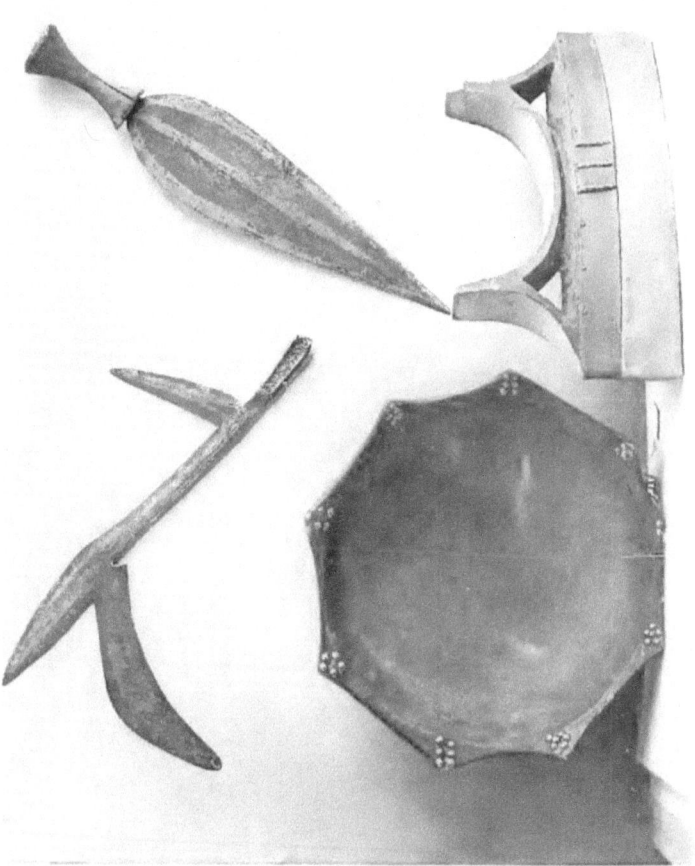

Messer und Nackenstütze der Bwaka, Schüssel der Ngombe.

Messer und Halsringe der Mondjembo.

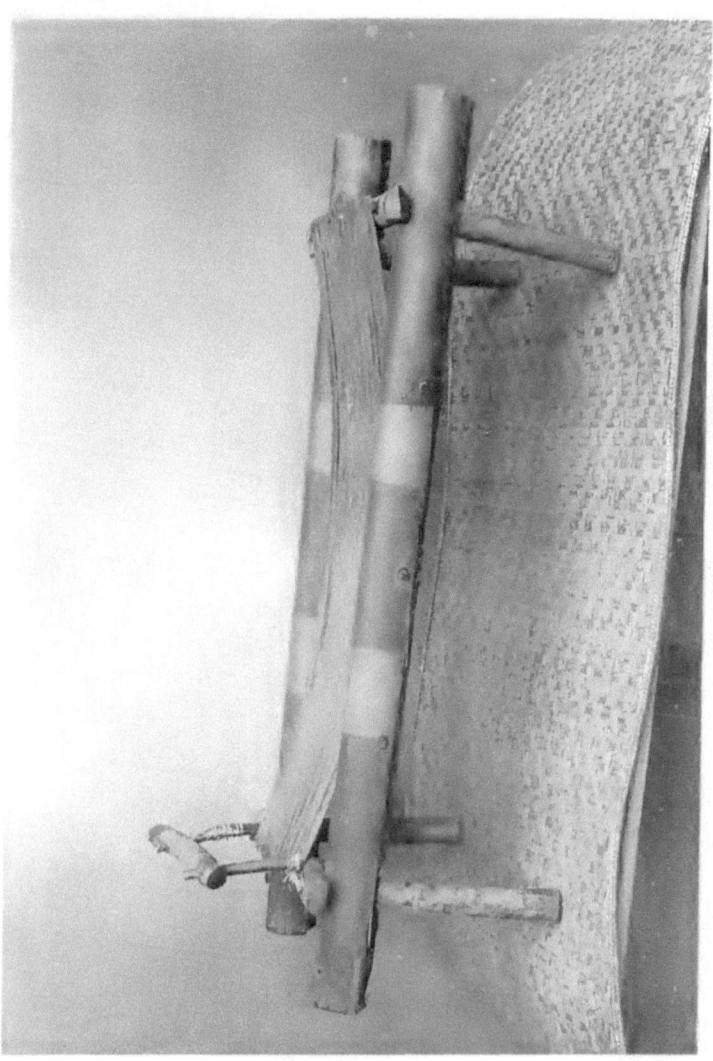

Schemel der Bwaka und Matte der Mongwandi.

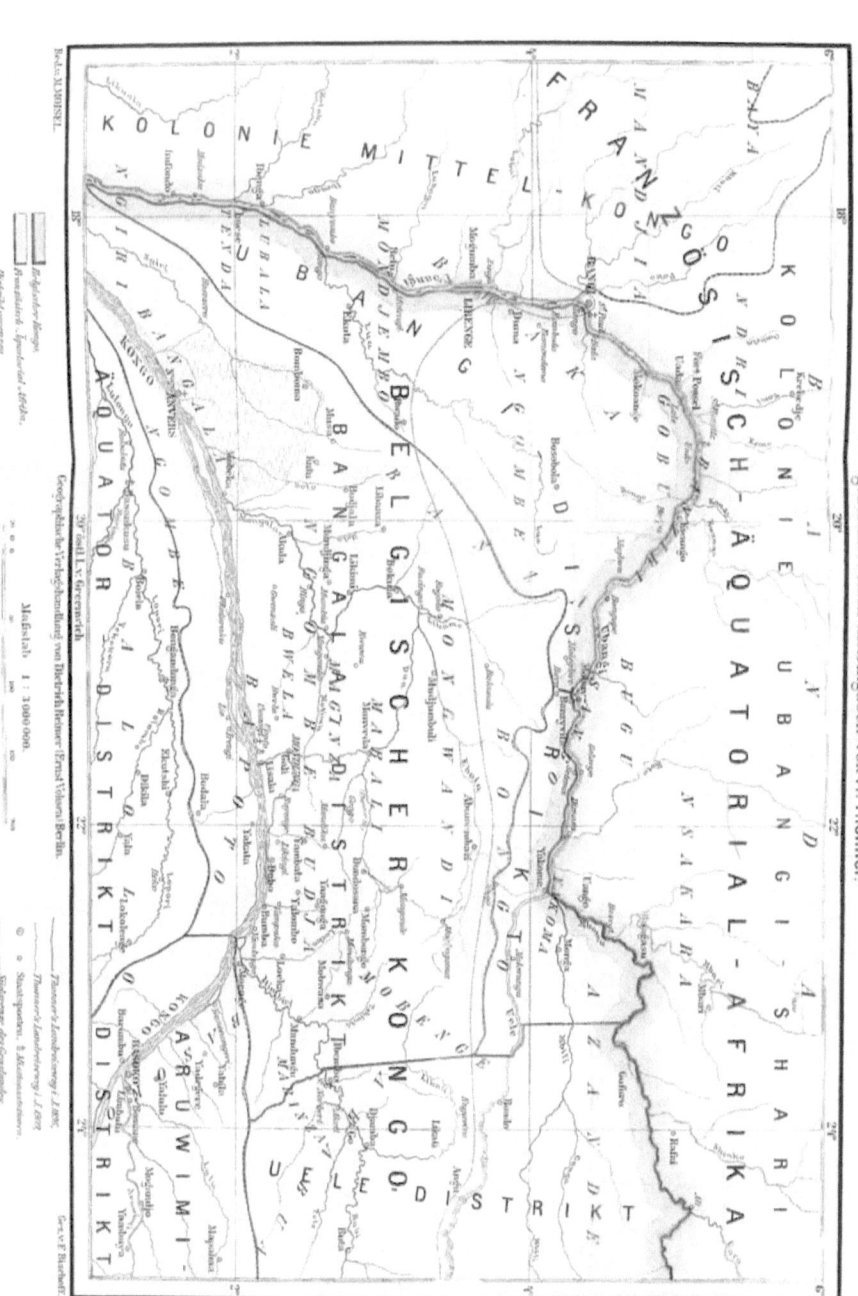

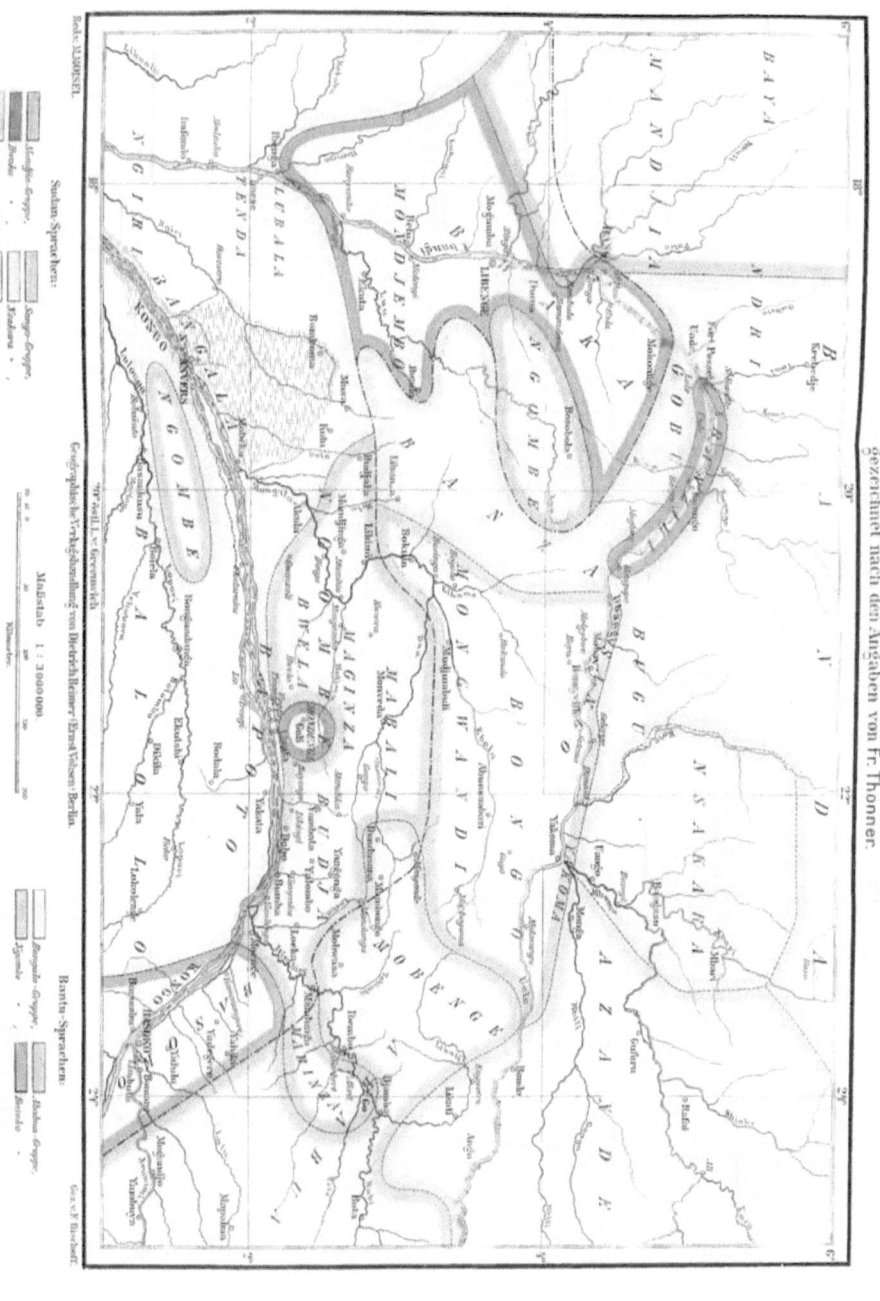

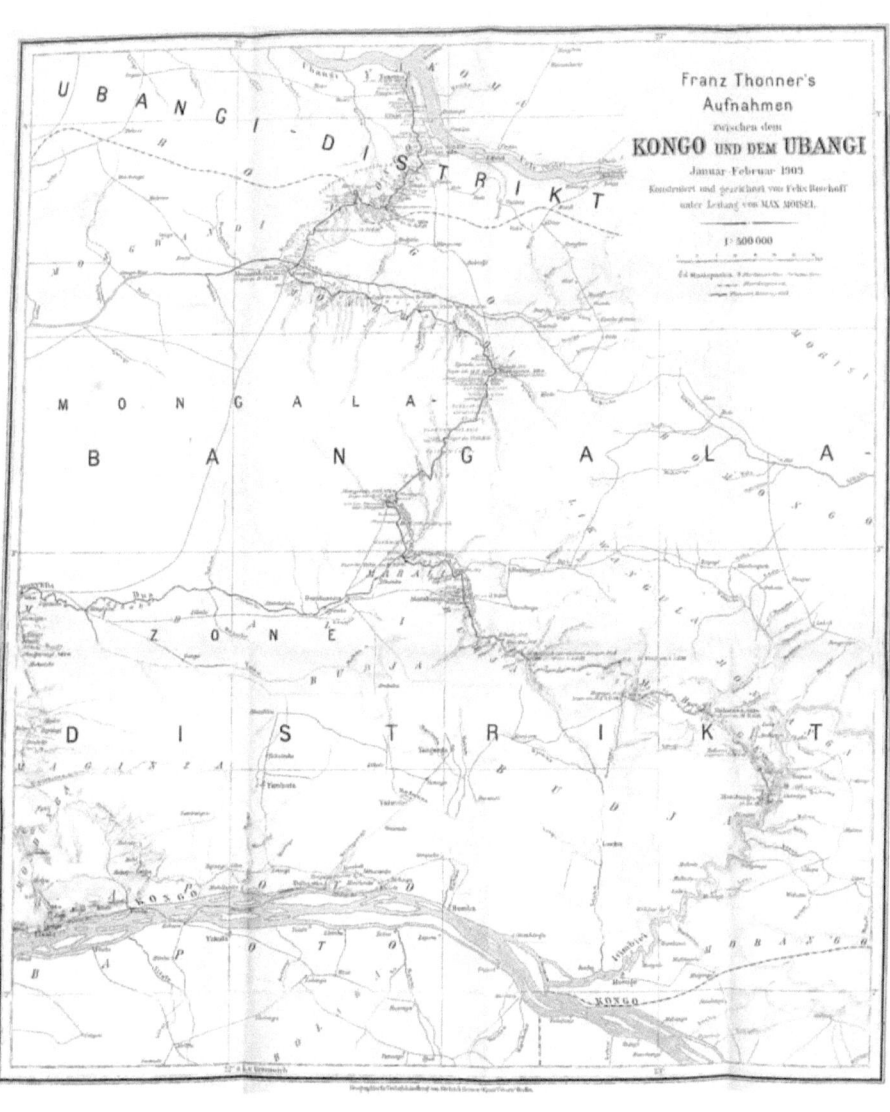

www.ingramcontent.com/pod-product-compliance
Lightning Source LLC
Chambersburg PA
CBHW021932290426
44108CB00012B/807